MICRO ACTION PSYCHO

微动作

心理学

何成洁◎编著

—— 揭秘行为伪装 洞悉行为背后的隐情与真相 ——

北京时代华文书局

图书在版编目（CIP）数据

微动作心理学 / 何成洁编著. -- 北京 : 北京时代华文书局, 2019.5 （2021.5 重印）
ISBN 978-7-5699-2984-3

Ⅰ. ①微… Ⅱ. ①何… Ⅲ. ①动作心理学—通俗读物
Ⅳ. ① B84-069

中国版本图书馆 CIP 数据核字 (2019) 第 063141 号

微动作心理学
WEIDONGZUO XINLIXUE

编　　著 | 何成洁

出 版 人 | 陈　涛
选题策划 | 郄亚威
责任编辑 | 周连杰
封面设计 | 吕宜昌
责任印制 | 刘　银

出版发行 | 北京时代华文书局 http://www.bjsdsj.com.cn
北京市东城区安定门外大街 136 号皇城国际大厦 A 座 8 楼
邮编：100011　电话：010-64267955　64267677
印　　刷 | 北京兰星球彩色印刷有限公司　电话：0316-5925887
（如发现印装质量问题，请与印刷厂联系调换）
开　　本 | 710mm×1000mm　1/16　印　张 | 16　字　数 | 180 千字
版　　次 | 2019 年 6 月第 1 版　印　次 | 2021 年 5 月第 2 次印刷
书　　号 | 978-7-5699-2984-3
定　　价 | 39.80 元

Contents 目录

1 Chapter 1

解析微动作

头部动作的重要信息

人的语言和肢体语言都受大脑的指挥。人的所有表情器官和神情都集中在头部，因此头部往往是人们关注、观察身体语言的重点。可以说，观察一个人，从头部所得到的信息是最为准确的。

性格研究者对动物头部的形状做过分析，结果证明，动物的性格与它头部的大小有很大的联系。头部大的动物一般都较为凶猛好斗，而头部小的动物大多比较温驯。美国心理学家还提出了这样一个观点：头部越大、越饱满的人，他的智商可能就越高。

头部的大小可以反映性格、智商，头部的动作又能预示什么呢？心理学家和行为学家经过研究，得出以下结论：

人们把头偏向一边，说明对谈话内容很感兴趣，正在集中注意力，全神贯注地倾听，甚至完全被对方吸引，也就是“侧耳倾听”的状态。小孩子听故事时，就是这样。

头挺得笔直，说明他保持中立态度，对谈话内容或说话的人，仍在仔细审视，因此，这个时候并不适合让对方回答决定性的问题。

低头向下，往往说明这个人对谈话内容不感兴趣，或者持否定态度，想通过回避目光交流的办法，隐藏自己的想法。

脑袋朝前伸，是一种攻击性的动作，往往给人一种压力，暗示着他可能马上要命令你去做什么。

头部向后仰，往往代表着无奈、退让、迟疑，或是想要释放什么，也就是我们常说的“仰天长叹”。比如，我们经常在做完一件重要的事情之后，如释重负，头部不自然地往后靠在椅子上。

当我们知道这些头部动作的秘密后，我们在与人交谈时，就可以揣摩别人的心理状态了：如果对方偏着脑袋，说明你讲得很精彩，完全吸引了他的注意力；如果对方头挺得笔直，说明他对你讲的既不讨厌也不太感兴趣，这时可以试着换个话题来吸引对方；如果他开始后仰或低头，说明你讲得有点无趣或者有些惹人烦了，这时要赶紧提高音量，讲个笑话，缓和一下气氛，把对方的心拉回来。

总之，我们能通过他人头部的动作得到一些重要信息。以下是常见的几种：

点头

点头表示答应、同意、理解和赞许，大多是表示同意的意思。但是这个动作如果做得过于频繁，会给人敷衍的感觉。

抬头

它表示的是有意投入的行为。

摇头

大多数情况表示否定，但也有不同。把头猛力转向一侧，再使它迅速回复到原来的位置，这是单侧的摇头，表示“不”的信息。把头部半转半倾斜向一侧是一个友善的表示，仿佛同路人在打招呼，它传递的信息是“见到你非常高兴”。晃动头部，常被用来表示惊奇、震惊、惊讶的信息，隐含了刚得到的消息是那么不寻常，事情出乎预料，以至于必须晃动头部来确定这不是做梦。

头部猛然上扬然后回复平常动作

如果是初识或不熟悉的人，头部上扬代表很吃惊的样子。如果是在彼此熟悉的场合时，则表示当事人突然明白了某事物的要旨，是猛然醒悟的表现。

低头

将头部垂下呈低头的姿态，所表示的基本信息是屈居人下，如果是居上位者做此动作时则表示消极。在商务交往中，低头这种身体语言是非常不受人欢迎的。

头部僵直

这是心里觉得无聊、苦闷的表现。在现代商务活动中，头部挺得笔直说明在与谈判的对话人之间持中立态度。

头部向前伸并朝向感兴趣的方向

这个动作表示心中满怀爱意，也可以表示满怀恨意。前一种情况是两个相爱的人，伸长脖子并神情专注地凝视对方的眼睛，沉醉于美好的感情之中；后一种情况是两个冤家或者仇家探出头部，表示他们不畏惧或者藐视对方，而且瞪视对方来表示仇恨。

头部往侧面方向移开

基本上属于保护性的动作，比如把脸部移开以回避对身体有威胁或者造成伤害的事物。在特殊情况下，这个动作伴随掩饰脸部而隐藏自己的身份和表情。

头部后仰

这是表示骄傲和自信的动作，像势利小人或非常有自信之人鼻子朝天的姿态。一个人会把头部向后仰，其情绪变化包括从沾沾自喜、自命不凡到自认优越。基本上，这种动作体现的是挑衅的态度，因此要尽量少用这个动作，因为骄傲的外表和挑衅的姿态会给人造成不好的印象。

头部缩回

这是回避的动作，同时表示对事物的不满或者不认可。

头部歪斜

这个动作源自小时候舒适的依偎——小孩把他的头部静静依靠在父母的身上，属于一种撒娇行为。当成年人（大多是女性）把头歪向一侧时，此景就好像倚在想象中的保护者身上一样。如果这个动作是用来玩弄风情或者故意用来吸引别人的，那么便有假装天真无邪或故意卖俏的意味。

突然把头低下

隐藏脸部，用来表示谦卑与害羞。如果在心怀敌意的情况下，把头低下则表示头部有紧迫的负荷。

握手的信息丰富而微妙

握手礼仪是最常见的一种现代社交礼仪，除了表示友好、亲近的意思外，还表示见面时的寒暄，告辞时的道别，以及对他人的感谢或祝贺、慰问等。握手礼仪不仅是中国人最为常用的一种见面礼和告别礼，也是国外最常见的一种礼仪。

据古籍记载，早在“刀耕火种”的原始时代，人们就有见面先摸手的习惯。狩猎和打仗时，人们手中拿着棍棒和石头作为武器，以防不测。陌生人相遇，如双方都怀有善意，就都先放下手中的东西，伸出一只手来，让对方摸摸掌心，向对方表示自己手中没有任何武器。而后，两人再互相摸右手，以示友好。久而久之，这种“摸手”的习惯就逐渐演变成今天的“握手”了。

几乎每个成年人都会经常遇到握手的场合，可你是否知道握手其实也有门道呢？握手也有讲究，当手和手接触的那一刻，也是一种交流，这就好比有一种电波在你和对方之间传输一样，一旦你们俩握手了，这种电波瞬间就会在彼此之间产生。

英国著名的企业家布莱兹是退休后创办食品公司的。开业时，雇员仅仅6人，20年后发展成为拥有5000人，年销售额超过4亿美元的大公司。

布莱兹在老年时期为何能取得如此巨大的成就？她说，她是从懂得真诚握手开始的。

布莱兹在自己创业前，是一家公司的推销员。有一次，开了整整一天会之后，布莱兹排队等了3个小时，只为了同销售经理握握手。可是销售经理同她握手时，只与她的手碰了一下，连瞧都不瞧她一眼，这极大地伤害了她的自尊心，工作的热情再也调动不起来。当时她下定决心："如果有那么一天，有人排队等着同我握手，我将把注意力全部集中在站在我面前同我握手的人身上——不管我多么累！"

后来，布莱兹也是这么做的，从她创立公司的那一天开始，她多次同数人握手，总是记住当年所受到的冷遇，公正、友好、全神贯注地与每一个人握手。结果她的热情与真诚感动了每一个人，许多人因此心甘情愿地与之合作，于是她的事业蒸蒸日上。

握手可以表现出一个人是否真诚。真诚的人握着你的手时是暖暖的，虽然他的手的实际温度或许并不高，但他的真诚与热情能通过两只手传递过来，让人对他产生信赖和好感。

有些人跟人握手时，只不过是轻轻一碰就松开，而且是一面与人握手，一面斜视其他地方，或东张西望，这是极不尊重对方的表现。这些缺乏真诚、不尊重对方的毫无活力的握手，对形象是有百害而无一利的。

有一个经理人说："我不想和那个客户做生意，他是我见过的握手最无力的人，手冷冰冰的，我们每握一次手，我对他的信赖就减少一分，因为握手软弱无力的人缺乏活力，缺乏真诚。"

美国社会学专家约翰说道："握手是一门如此有趣的艺术，它让我们在瞬间产生种种推测和判断。握手的信息是无言的，但它却是那么的丰富和微妙。握手是如此的感性，但它却在对方开口之前，让我们感受到他的内心活动。"确实如此！通常，性格热情的人会有力地握住你的手，上下摇动以表示渴望与你相见。性格冷淡甚至内心冷酷的人伸出的则是冰冷、僵硬无力的手，像一条死鱼。

在所有的握手方式中，最让人憎恨的就是“死鱼”式的握手。如果对方采用这种握手方式，那他伸出来的手会让你感到像是抓着了一条死鱼，你会立刻感到被拒绝、排斥，这是最没有礼貌、最破坏自己形象的握手方式。这种握手让人感到对方内在性格冷淡、虚弱、傲慢、无知、愚昧，他不但内心冷漠，而且还愚笨到不知道如何假装礼貌。虽然并非每个用“死鱼”式握手的人都是这样的性格和态度，但是这样的握手留在别人心中的不良第一印象却是极难弥补的。

握手是最常见的普遍运用的礼节，随着握手的位置的不同，表达感情的程度也不一样。心理学上把握手动作简单地分为以下几种类型：

统治型握手方式

握手前先和对方对视片刻，或者在握手的过程中故意翻转手腕把自己的手掌压在对方的手掌之上。这种人往往具有极强的统治欲，他企图通过握手之举从心理上压倒对方。

适中型握手方式

握手时手掌富有弹性、结实圆滑，让人感觉很舒服的人，做事情往往有进有退、伸缩自如，是交际场合的高手，常常能够八面玲珑、左右逢源，靠着他们的自信和头脑把交际对象轻松拿下。

保守型握手方式

握手时肘部的弯曲度成直角，手臂不愿意伸长，喜欢将手臂贴近身体，好像怕被对方抓住不放一样，这种过于谨慎的表现，充分展示出保守的个性。

夸张型握手方式

在握手的时候故意做出很夸张的动作，握着对方的手不停摇晃，好像很热情的样子。这种人最爱自我吹捧、出风头，企图让所有的人都觉得他很热情、亲切，没想到他的做法反而适得其反，让人很反感。

大力型握手方式

握手时力大无比，好像想把对方的手捏碎一样。这种人是控制欲极强的人，他们喜欢按照自己的意志办事，希望所有人都服从他，不容许别人背叛他，否则，他就视对方为仇人。

无力型握手方式

握手时手指软弱无力，没有半点力度的人，严重缺乏自信心，做事情容易打退堂鼓，喜欢妄自菲薄，常常表现得过于悲观，对任何事情都缺乏积极性和责任感。

陌生者之间第一次身体接触就是握手，虽然只有短短几秒钟的时间，但它却是如此之关键。握手的方式、用力的轻重、手掌的湿度等，像哑剧一样无声地向对方描述你的性格、可信程度、心理状态。握手的质量表现了你对别人的态度是热情还是冷淡，积极还是消极，是尊重别人、诚恳相待，还是居高临下、敷衍了事。一个积极的、有力度的握手，表达了你友好的态度和可信度，也表现了你对别人的重视和尊重。一个无力的、漫不经心的、错误的握手，立刻传送出了不利于你的信息，让你无法用语言来弥补，它在对方心里留下了对你非常不利的第一印象，有时甚至会失去极好的商业机会。

饮食方式反映性格特征

民以食为天，没有人能离开食物。心理学家通过研究分析人们吃东西的习惯，发现一个人吃东西的习惯也能反映他的性格特点。

有的人吃饭很快，饭菜一端上来就开始狼吞虎咽。这类人一般性格比较倔强，脾气有些急躁。但他们坦率开朗，一旦得到满足，就会非常慷慨大方。

有的人喜欢一边做着饭菜，一边仔细品尝，正式开餐的时候反而吃得很少或者不吃。这样的人通常温柔善良，乐于奉献，看到自己关心的人开心会非常满足。

有的人喜欢一边走路一边吃东西，比如在百忙之中抓起一个面包和一杯可乐，急匆匆地冲向和客户约定的地方。虽然在旁人眼里他们总是忙忙碌碌的，但实际上这种人办事有些缺乏条理和规律，情绪控制能力比较差，喜欢凭一时冲动做事。

有的人喜欢在吃饭的时候看书或者看电视，虽然这种习惯对健康不利，但这样的人却往往思想丰富、想象力强，心里装着很多梦想和计划。因此，类似场景在青少年中很常见。如果成年后还保留着这样的习惯，则说明他思维敏捷，时间观念很强，喜欢“一心多用”。

还有的人总是热衷于参加各种各样的饭局，对于他们来说，真正需要的是交际，而不是吃饭。事实上，他们内心深处可能比较孤独，非常需要有人陪伴，渴望与他人在一起。

以上所说的是人们饮食的习惯与性格的关系。那么饮食的动作与性格之间是否存在联系呢？心理专家研究表明，不同的饮食方式也能反映一个人的性格特征。具体来说，分为以下几种：

狼吞虎咽

上饭桌前表现为坐立不安，食物一上桌就狼吞虎咽的人，大都曾经吃过苦，少时家贫，但工作积极肯干。

吃完一种食物再吃另一种

这种进食习惯显示这类人对每一件事都极为专注，不会忽略关于某人和某事的细枝末节。

来者不拒

这类人对食物不挑剔，个性随和，不拘小节，生命力旺盛，多才多艺，可以同时应付多种工作。

浅尝即止

这类人食量小，个性保守，行为谨慎，墨守成规，稳健有余而闯劲儿不足，一般是守业者而非创业者。

将食物分成小块逐一食用

这类人小心而谨慎，做任何事都很细致，但有时难免流于保守和顽固，善处守势，不习惯采取攻势。

独食独享

总爱单独进食、不愿与人分享的人，性格多半坚毅沉稳，责任心强，言行一致，信守诺言，工作令人满意。

细嚼慢咽

进食速度缓慢，会细细咀嚼品尝的人，办事周详、严谨，无把握的事绝不做，爱挑剔，有时对人过于冷酷。

暴饮暴食

进食不知节制的人，性格直爽，喜怒溢于言表，从不掩饰自己的感情，且不善于仔细地思考。

注重卫生

这类人在饭桌上讲究饭具的清洁，进食时即使一块小骨头掉在地上也要捡起来，以方便服务员收拾。这样的人通常会赞赏别人所做的努力，工作有条不紊，讲究整洁，生活安排得井井有条。

爱加调味品

饭菜一上桌，就乱加调味品，醋、酱、辣椒粉都要放一点。这样的人生性爱冒险，做事比较轻率。

边吃边说

一边吃饭，一边说个不停的人，由于他们急于和人交谈，以致来不及将食物吞下肚。这类人处事较性急，且有些咄咄逼人。

不声不响

吃饭时闷声不响的人，性格大多孤僻或害羞。

打招呼方式与性格之间的联系

在我们每个人的生活中，每天都会与人打招呼，这种习惯在我国有着悠久的历史。早在我们的祖先还穴洞而居的时候，他们就喜欢用“无它乎”来问候对方，意思是说“你没被蛇咬吧”。因为当时的人们经常在熟睡中被蛇咬伤或致死。如今，打招呼已成为人们联络感情、沟通心灵的重要方式，不但体现了人与人之间的相互尊重和重视，更体现了一个人的素质和修养。也正因为如此，我们可以通过观察对方打招呼的方式，了解他的心思，洞察他的心理活动。

那么，打招呼的方式与性格之间到底有着怎样的必然联系呢？心理学家经过研究表明，不同的打招呼方式会透露出一个人的性格特征，下面我们就来具体分析一下。

打招呼时不看对方眼睛，而将目光移往他处。这种人通常都胆小怕事，尤其怕见陌生人，但这不表示他们傲慢，而是其自卑感在作祟。他们为人处事没有自信，而且犹犹豫豫。不过，当女孩子对某位异性心存好感时，往往也会故意不正眼看人，即使是与他面对面相遇，她也会采取把目光转向别处的做法。她们其实只是放了一颗烟幕弹，是在用相反的方式提醒对方她们已经敞开了胸怀。

打招呼时眼睛直勾勾盯着对方，给人咄咄逼人的感觉。这类人通常具有强烈的自我意识，喜欢从自己的角度出发来考虑问题。在人际交往中，他们往往具有攻击性，希望通过打招呼来试探对方的虚实，并在气势上压倒对方。但同时，这也说明他们对别人心存戒心。

打招呼时，会故意退后几步的人，也许自认为这是一种礼貌或是谦让，但别人却会认为他们是有意拒绝人，故意拉开距离。之所以出现有意识的后退现象，可能是因为他们有防卫和警戒心理，对交往有所顾忌、恐惧，或者想通过这种让渡空间的方式表达谦虚，让交往可以顺利进行并向深处发展。

假如某人和你打招呼时，毫不顾忌地拍你的肩膀。这种动作，正好表示他对你丝毫不畏惧，并想以此显示出他的优势地位，让你别轻举妄动，否则他会展开强大的攻势，逼迫你的心理状态处于劣势。当然这种动作也常出现在相当亲密的朋友之间。

有的人看到熟人会绕道行走，就像蔺相如看到廉颇一样，老远就逃避开了。出现这种情况主要有三个方面的可能：一是因为心虚，他们可能做过对不起对方的事情，最常见的情况是欠债不还；二是那个熟人令他们厌恶透顶，他们实在不愿意和其打招呼，哪怕是擦肩而过；三是在别人面前有自卑倾向，感觉处处不如人，于是宁愿不见。

打招呼时并不满足于语言上的交流，而是更加重视表情和动作上的沟通。这类人大多性格开朗，待人亲切，喜欢照顾别人。对于自己内心的不快，也能够迅速忘记。当然，向人挥手致意很多时候是因为双方相距太远，担心对方听不到自己的声音。

有的人从不跟别人打招呼，即使是同学或同事迎面走过来，依然不打招呼。这说明他们具有自闭症的倾向，而且非常自视清高。他们在工作与学习当中经常是孤军奋战，虽然勤奋，但结果总没有理想中的那样美好。还有一种情况是他们太过繁忙，在走路的时候保持思索状态，一旦遇到熟人，仓促间很难想起对方的姓名，只好干瞪眼，或把头一低继续赶路。

除此之外，通过一个人打招呼的习惯用语，也可以了解到这个人身上的很多东西。美国路易斯维尔大学心理学家斯坦利·弗拉杰为我们总结了以下习惯用语的含义：

喂

这类人活泼开朗，精力充沛，渴望受人仰慕。他们直率坦白，思维敏捷，富有创造性，而且具有良好的幽默感，善于听取不同的意见，极少会固执己见。

你好

这类人头脑冷静，对待工作和生活勤勤恳恳，一丝不苟。他们能够掌控自己的情绪，不喜欢大惊小怪，深得同事和朋友们的信赖。

嗨

这类人腼腆害羞，多愁善感，极易陷入为难的境地。由于担心出错，他们总是不敢做出新的尝试。但有时候他们也很热情，讨人喜欢，尤其是和家人或朋友在一起的时候。

看到你真高兴

这类人性格开朗，待人热情、谦逊。他们喜欢参与各种活动，喜欢与别人交往，而不是袖手旁观。他们对工作和生活充满了乐观情绪，但常常沉迷于幻想中，容易感情用事。

有啥新鲜事

这类人雄心勃勃，拥有远大的理想。他们好奇心极强，凡事喜欢刨根问底，甚至不惜打探别人的隐私。与此同时，他们热衷于物质享受，为此可以不遗余力。

过来呀

这类人办事干净利落，喜欢和他人分享自己的想法。他们热衷于冒险，而且能够及时从失败中吸取经验和教训，避免下次再犯同样的错误。

你怎么样

这类人喜欢抛头露面，惹人注意。他们充满自信，习惯占据主导地位，行动之前喜欢深思熟虑。他们一旦接受某项任务，就会全力以赴投身其中，不达目的誓不罢休。

从口头禅窥探真性格

一个人的口头禅是经过漫长时间的使用积累下的习惯，通常不容易掩饰和改变，因此了解一个人最快速也最真实的渠道之一，就是观察他的口头禅。

国人十大最爱的口头禅中，“郁闷”“无聊”“没意思”等表达负面情绪的词语占了一大半。很多人说，它们反映了这样的社会现状：工作节奏太快，生活压力太大，年轻人疲于奔命，只好通过说这些口头禅发泄自己的情绪。

比如，喜欢说“随便”“不知道”的人，多半是个不愿意承担责任的人。当一个人说“随便”时，意味着他将选择权交给了别人，也将责任推给了别人，其中暗藏着“错了别怪我，和我没关系”的潜台词。

喜欢说“好像”“据说”的人，多半是缺乏自信的人，不希望把话说死，缺失回转的余地。而常说“看我的”“没问题”的人则通常充满自信，也乐于承担责任。

想要了解一个人的性格、喜好、心理特征，通常需要很长时间的交流和磨合来加深了解。但对于初次见面或相识时间不长的人，想要快速摸透他的心理性格，以便小心提防或是巧妙达成你自己的愿望，其实也没有那么难。心理学家经过研究证明，从口头禅就可窥探一个人难以掩饰的真性格。

但是、不过

这类人有些任性，总是提出一个“但是”来为自己辩解。“但是”是为保护自己而使用的，也反映了温和的性格，它很委婉，没有断然的意味。从事公共关系的人常有这类口头禅，它的委婉意味不致令人有冷落感。

说真的、老实说、的确、不骗你

爱说这种口头禅的人有一种潜意识，就是怕别人误解自己，不相信自己，他们多半性格有些急躁，内心常有被人冤枉的不平心理，迫切需要别人表现出信任和理解。

应该、必须、必定会

这类人自信心极强，显得很理智，为人冷静，自认为能够将对方说服，令对方相信。此外，“应该”说得过多的时候，反映了有“动摇”心理，长期担任领导职务的人，易有此类口头禅。

听说、据说、听人说

之所以用此类口头语，是因为有给自己留有余地的心理。这种人的见识虽广，但决断力却不够。很多处世圆滑的人易用此类口头禅，也是避免与人正面冲突的用语。

啊、呀、这个、嗯

这类人通常思维速度比较慢，对要表达的内容很慎重，会寻找最为合适的词来形容。或者是准备不足，说话的同时还在思考，利用停顿作为间歇。对这种人要给予更大的耐心。

可能是吧、或许是吧、大概是吧

说这种口头禅的人，自我防卫本能非常强，不会将内心的想法完全暴露出来，在处事待人方面冷静，所以，工作和人际关系都不错。也有以退为进的含义，事情一旦明朗，他们会说“我早估计到这一点”。从事政治的人多有这类口头禅，这类口头禅隐藏了自己的真正看法。

口头禅的形成无外乎两个原因：重大事件对人的影响和积累效应的结果。譬如，一个满腔热情的年轻人真挚地投入到恋爱中，爱情欺骗了他，当他失恋后，可能在一段日子里他会对爱情嗤之以鼻，他的口头禅也许就是“爱情这东西，纯粹是扯淡”。而当一个人多次遇到同样的情况后，积累效应就会在他的口头禅中得以展现。如果在生活中多次遇到见死不救、坑蒙拐骗，那么也就不难理解为什么会有“现在的人啊，和以前没法比”这样的口头禅了。

“无聊”“没意思”“郁闷”“差不多吧”“随便”等宣泄式的口头禅在生活中的使用频率较高，也许偶尔调侃发泄一下确实能够舒缓心中的郁闷，但长期使用，会带来极其消极的心理暗示。心理学家指出，由于口头禅在一个人的生活中出现的频率极高，因此使用积极的口头禅可以有效地更换不良心态，从而使自己从语言营造的消极氛围中摆脱出来。

心理专家告诫我们，以下三类口头禅要尽量避免。

第一，过于频繁地宣泄负面情绪的话。“郁闷”“烦死了”这些情绪词如浮云，不仅让人持续低迷，而且也让旁人觉得压抑。所以，不要光嚷“郁闷”，还要提出自己的愿望并寻求解决的办法。

第二，对外界环境有偏见的话。“一代不如一代”“男人靠得住，母猪会爬树”“人心隔肚皮”这样的口头禅也随处可见，往往夸大了事物的阴暗面，成为一种消极的思维定式，让人在处事时容易犯以偏概全、非黑即白的认知错误。

第三，否定自己的话。“我不行”“我做不到”“老了，不中用了”这类贬低自我的口头禅，让你时刻注意到自己的弱点，结果连优点也打了折扣。长此以往，会形成自我挫败的恶性循环。

语言的艺术博大精深，有时你不经意的几句话，可能就会对周围的人和环境造成你预料不到的影响，影响了自己周遭的氛围，更伤害了爱你的人的心。因此，远离那些负面的口头禅吧！

了解身体的“微表情”

越是不受大脑控制的动作，越能诚实地反映出一个人的内心。所以，在与人交往的过程中要善于发现那些无意识做出的动作，往往一个人真实的情绪就是从这些动作中泄露出来的。前面我们已经了解了面部的微表情对了解他人情绪的重要性，接下来我们就来了解一下身体的“微表情”，通过一些细微的动作来了解一个人的内心。

人们在交流的时候总是一边说话一边做各种动作，而且大多数动作都是有特定用意的，为的是更好地辅助我们的语言进行表达。尽管很多动作和语言一样也是可以假装的，但有些细节却是不受大脑控制的，做动作的人是在一种无意识的状态下，没有思考就自然而然做出来的。所以，在与人交流沟通时，凭借对方的某些动作可以感知到对方真实的情绪和想法。

精神分析学家弗洛伊德曾经接待过这样一个女病人。交谈中，她对弗洛伊德有声有色地讲述了自己的婚姻和家庭是如何的幸福，但是在讲述的过程中，弗洛伊德注意到一个细节：这位女士在讲这些话的时候会时不时地将自己的订婚戒指从手指上滑上滑下。针对这个下意识的动作，弗洛伊德做出了令人吃惊的判断：这个女人对自己的婚姻其实并不满意，也不觉得婚姻很重要。后来的事实证明弗洛伊德的判断是正确的，那个女人的婚姻果然出现了问题，而且最终离婚了。

一位国际知名心理分析学家曾在他的著作中写道，人们的有些动作是完全无意识的，但却能最真实地反映当时人们的内心状态和情绪。比如，当一个人一边说话，一边总是有意无意地蹭蹭鼻子下方时，他的内心肯定是有些局促不安；当一个人胡乱地吸烟，吸到一半又随手丢掉，或者把手里的东西来回揉搓时，说明他的内心很焦虑。搓手掌是在期待或因为某件事情而举棋难定，如果是快速地搓动，表示问题并不是太大；但如果搓的速度很慢，那问题就可能没那么简单了。

刚毕业的小王正为自己的工作四处奔忙。这天他到一家不错的公司进行面试，期间，人事部经理的右手始终撑在脸上，中指封在嘴上，食指伸直指向右眼角，左臂又横在胸前，目光很少对着小王。面试结束后，人事部经理站起来和小王握手说："那就暂时先这样，我们会郑重研究一下，到时候再通知您。"

回到家后，小王有点左右为难，拿不定主意。因为他对这个公司很满意，但是他又不明白面试官对他的印象到底如何。而之前面试的另一家公司已经告诉他面试通过了，问他什么时候可以上班。他到底应该等这个公司的通知，还是赶紧答应另一个公司呢？思忖一番后，他决定再等等这家公司的答复，可是令他意外的是，他始终没有等来这家公司的电话，而等他主动打过去时，对方已经告知有了另外的人选。更令他郁闷的是，另一家公司也因为他的态度而选择了其他的求职者。

其实，小王如果懂得通过无意识的动作了解对方的内心，就不会苦恼了。事实上，人事经理已经用自己的行动说明了自己的态度，他的肢体语言无不在告诉小王：我对你不感兴趣，你不是我们要找的人。可是小王却一点也没有察觉到，还相信对方会联系他。

以上案例正说明了关注动作语言的重要性。如果你懂得无意识的动作能够透露人的心理状态，并且你也能够掌握这些无意识动作所反映的具体含义，那么即使对方没有明确表示，你也可以大概知道对方的心理倾向。例如当你和某人交谈时，如果你看到对方身体转向另一边，或脚尖指向另一个方向，或眼睛盯着别处，甚至不时地看一眼手表，等等，这些都是他对这次交流已经很厌烦，很想摆脱你的信息，你要知道，他只是在耐着性子敷衍你而已。这时候他的脸上虽然仍带着微笑，并不时地点头表示附和，但这些都是假装的，而身体和脚尖、眼睛的无意识动作才反映了他真正的想法。你若懂得这些就可以采取一定的措施来缓解对方厌烦的情绪，否则你说的话他有可能根本就不会听进去。

你不仅可以通过一个人的无意识动作来了解他当下的心理状态和情绪，你还可以通过无意识的动作来观察人与人之间微妙的关系。

无意识的动作在两个关系密切、很谈得来的朋友之间会相互感染。一般来讲，夫妻间会有一方是比较强势的，当较强势的一方做出某个动作时，另一方一般会立即或者在一段时间后做出相同的动作。在面对很多人的时候，当你看到两个姿势大致一样的人在一起聊天时，基本上就可以确定他们的关系很好。

假如两人相谈甚欢，这时候又来了第三个人。当那两人把各自的身体稍稍转向第三个人，并都有一只脚对着他，此时三双脚构成大体等边的三角形，这就是表示欢迎；如果他们只是看了一眼第三个人，但是身体和脚却没有转向第三者，这就意味着他们并不欢迎他的加入。脚尖所指的方向不仅可以指示一个人所向往的目标，而且会指示对他有吸引力的人。假设两男一女正在聊天，而且这两个男的都对这位女性感兴趣，那么这两个男人都会无意识地把自已的一只脚指向女人。如果这位女性的态度暧昧，她的脚的指示会不偏不倚，保持中立，但如果她对其中一个男人有意，那么她的目光和脚的指向就会泄露她内心的秘密。

体态语言传示出的心理信息和交际效果是有声语言的四五倍，当二者不一致的时候，精明的人往往注重动作所表达的心理语言。语言容易控制和假装，但是很多动作却是无法控制和假装的。在接下来的内容中，我们会集中学习人们的无意识动作所隐含的深层含义。

通过手势了解性格特征和心理状态

一个能说会道的人，绝对不可能只会用嘴皮子来表达内心想法。没错，我们的双手也可以做出许多的手势来帮助我们传情达意，它能够与我们的语言相得益彰，展示出我们的情绪和思想。

直立行走解放了我们的双手，让它们变得越来越灵巧，这不仅表现在劳动上，也表现在其他方面。人类的手是最独特的，与身体的其他部位相比，大脑对手腕、手掌、手指似乎更加偏爱，所以将更多的精力分配给了它们。它们既能劳作又能绘画、雕刻，还可以感受、感觉、衡量和改造我们周围的世界，还会打手势、讲故事，并以精妙的动作反映我们内心深处的想法。在人类还没有共同语言的时候，各种手势就是人们交流的重要工具，尽管经过几百万年的进化，人类已经充分掌握了语言技巧，但我们还是会本能地启动我们的手去表达情绪、思想和感情。

尤其在西方国家，手势的运用更加普遍。在日常生活中，绝大多数人都有几个自己所特有的标志性的手部动作或手势。通过手势，我们可以对一个人的性格特征和心理状态有一定程度的了解。很多人在与他人交谈时，常喜欢拼命地挥舞双手，也有些人习惯性地把双手牢牢握住，这些都是双手对于情绪的诠释。习惯于某种手势的人，在性格上也会有某些特点。

在交谈中，手心朝上是一种积极的人体信号。表示自己是坦诚的，毫无隐瞒、毫无恶意的，这是一种开放的交流态度。这种手势反映了讲话人的情绪是外向的，希望交流，并渴望被对方接纳。而翻转手掌、手心向下，则是一种命令式的信号，代表权威、地位、命令和抗拒。这是一种明显的压低对方、抬高自我的心理表现。当我们拒绝或命令他人时，手心往往都是向下的。一对男女牵手时，常常都是男士的手掌向下，女士手心向上，说明了男士的强势和女士的顺从。

很多人喜欢做十指交叉的手势，这也和人的心理有很大的关系。十指交叉是表示自信的肢体信号，使用这种手势的人常常神情坦然，面带微笑，并伴有坦率的言谈。如将十指交叉地放在大腿上，两手的拇指尖相顶，则表达了一种不知如何是好或进退两难的心理；如将十指交叉，并不断用眼睛盯着对方，那表示的心理活动是对对方产生了不满，并正在忍耐；如果是将十指交叉在脸前，表示的是一种抗拒和敌意的心理，此时交谈会很难推进。

交谈时双臂交叉是一种高傲的暗示，给人一种威武或权势的心理感受；也表示人的紧张与矛盾心理，起到镇定自我、防御别人的作用；与别人谈话时，如发现对方忽然将双臂交叉起来，就表示对你的谈话已失去兴趣，你该知趣地转个话题或主动告辞了。

两只手的手心相对、指尖接触，就会形成一个尖塔形的手势，这一手势代表的是一种自信的态度。这种常见的手势分上下两种。一种是举起的尖塔：人们通常会在发表自己的观点时使用该手势；另一种是放下的尖塔：使用该手势者正在聆听他人的观点和谈话。尖塔形的手势经常出现在上下级之间的交谈中，而看起来显得胸有成竹，自信满满。相较男性，女性更加偏爱使用放下的尖塔手势。但如果举起的尖塔手势再配以头部微微后仰的动作，通常是因为内心有点傲慢自大。

尖塔形手势如伴有双腿交叉、眼神外流或身体向后倾的姿势，则表达了一种消极心理，表示对你的谈话不感兴趣；而向下的塔尖式手势则是一种“让步”的心理，常见于外交和生意场上。

双手握在一起，表达的是一种无助感。即使做此动作者面带微笑，也难以掩饰其心中的失落与挫败感。通常来说，当人们觉得自己的话缺乏说服力，或是认为自己已经在谈话中处于被动地位时，就会做出紧握双手的动作。紧握双手的动作大致有三种姿势：将双手举至脸部，然后握紧；将手肘支撑在桌子或膝盖上，然后握紧；站立时，双手在小腹前握紧。在这一动作中，双手位置的高低与此人心理挫败感的强烈程度有十分密切的关系。具体来说，当一个人将两只手抬得很高而且双手紧握的时候，即双手位于身体的中间部位时，他的心理已经非常消极，此时基本是拒绝外部信息的。相比较而言，当他的双手位于身体下部的时候，心理上的失落感还没有那么严重，想要与他交流就会显得容易。

两只手来回搓的手势如果发生在冬天，多是为了增加手的热量。除了这种情况外，搓手一般表示的是一个人心情激动或暗示胜利的信号，比如，在运动员即将上场的时候会无意识地搓手，此时表示的是求胜心切；而遇到难题时的搓手，则暗示心急如焚；在商务会谈中的搓手，表示尚未建立信心。

将双手背于身后是一种生活中司空见惯的手势，常表现出高傲或狂妄的心理。由于手是人脑思维的显示器，双手背后就能把内在的威力隐蔽起来，给人一种神秘感；当人处于紧张或焦躁不安时，把手背在身后，就是想借此缓和紧张心理，达到镇定的目的。

在与别人交流时，我们都很希望能看到对方的手，因为我们的大脑认为手部动作是整个交流过程中不可分割的一部分。当对方的双手离开我们的视线或失去表现力时，我们对对方人品和信誉度的信任感也会减半。比如在法庭上，陪审员一般都非常不喜欢律师站到演讲台的背后，他们潜意识里更希望看到律师的手。陪审员更不喜欢证人将手藏起来，那样的动作会让他们认为证人不够坦率，可能有所保留或在说谎。

日语中有一句话直译叫作“让对方看你的手心”，它表示的意思是要真心对待对方。当一个人将手掌摊开时，一般来说他是真诚、可信的。交谈中，让对方看到我们的双手，是一种获得信任的非常简单的方法。手部的动作可以直指人心，优美的手势会使人感到心情愉快，温暖的手势会让人心生感激，坚持果断的手势则会让人感受到某种力量。

手势和人的情绪有着密切的联系，和一个人的性格也息息相关。如果一个人经常做出让人感觉到十分有力量的手势，说明这个人性格有魄力和勇气，凡事敢作敢当，能承担一定责任。而总是做出一些犹豫、不自信的手势的人，性格往往也多是内向、不自信的。

双手的一举一动都会暴露我们内心的情绪和想法，并且双手的语言也是最容易被我们解读的。一旦你学会了解读双手的秘密，那么你不但可以在交谈中轻松解读对方的心理，还能很好地利用手部动作表达你内心的想法，以获得更好的沟通效果。

手具有丰富多变的“表情”

双手的号召力是巨大的，有时候，利用双手的动作，可以达到一呼百应的效果，所以，政治家、演说家、演员都很善于利用双手来获得大众的支持。

在与人交往中，手部语言已经成为其中很重要的一部分，它起着加强语言的力量、丰富语言的色彩等补充和说明的作用。在一个有效率的沟通中，手部的动作往往扮演很重要的角色。有时候，它甚至能够作为一种独立而有效的语言进行使用。可以说我们的双手同样具有丰富多变的“表情”。

双手看似在描述一件事情的时候，并不是必需的，但是当你和一个人说话的时候，如果他的双手背在身后，或者放在口袋里，你多少都会感觉别扭。我们已经说过，在人们的交流之中，露出的双手会给人一种坦率、真诚的感觉。双手即使不做任何动作，只要让对方看到，就表示一种自信和坦诚，试想，当一个人跟你聊天的时候总是将双手插进口袋，你是不是会感到对方的态度有所保留呢？如果你把手藏起来，很可能会让人家觉得你若不是有所隐瞒，便是过于紧张。尤其是当一个销售人员一边给你介绍产品，但是却将双手插进口袋的时候，你是不是会对对方产生很不好的感觉？

曾经有人做过一个这样的小实验。实验设计者先让一部分人进行互相访谈，并要求一半人将手放在桌子下面，而另一半人将手放在显眼处。交谈结束后，研究者分别对两组人的感受做了调查，通过问答发现，把手放在桌子下面的人给对方留下的印象一般都不太好，不够真诚，不坦率，甚至有人认为对方虚伪。而另一半人却给对方留下的印象则较好，大方、友善，没有人被认为为人虚伪。尽管这个实验并不那么科学，但多少给我们一些启示：双手在形象中所起的作用是很重要的。

我们已经知道双手露出来会给人值得信赖的感觉。那么，双手做出什么动作，更能获得这种信赖呢？现在单说手掌的行为，很简单，我们已经提到过，只有向上和向下两种。一般来讲，手掌向上是表现出一种友善正面的讯息；而且也有这方面的研究显示，说话时把手掌摊开向上（或面向对方）是一种开放型的姿势，大多数人会从正面解读我们所传达的讯息；而手掌向下则给人比较封闭的感觉，并且手掌朝下往往带有威严和掌控意味的姿势，也就是说是在发布命令。

手掌的方向在我们的对话中非常重要。尤其在演说中，正确使用两个仅有的动作，可以创造出完全不同的气氛。美国国务卿希拉里在争取总统候选人提名演说的时候，开始总是手掌朝下，这样做的原因是她想显示自己掌控全局的能力；但是后来她的顾问却建议她把手心朝上，因为这样可以显示出足够的亲和力。于是，她在后来演说或者会谈时，总是刻意将手心朝上，她的改变很快就被证明是有效的，她得到的支持率也有了增长。

积极的手部动作能够引起人们积极的反应，谈话的同时使用手部语言来辅助说明不仅可以吸引对方的注意力，加强谈话的效果，而且还能够加深参与谈话的个人对此次谈话内容的记忆效果。很多成功的演员、魔术师和演讲家都深谙其道。著名魔术表演师刘谦在表演时，总是一边转动他的手掌，一边说着“见证奇迹的时刻到了”，此时此刻，观众随着他的手势屏住了呼吸，完全沉浸在一种神秘的氛围中，这就是手势奇妙的传情达意作用。说我们的双手是一位精于表达的演说家，一点都不为过。

阿道夫·希特勒就是一个非常善于运用双手的演说者。这位“一战”中的二等兵其实只是一个不折不扣的小人物，在其上台前并没有接受过任何专业训练，也没有过台上演说的经验。为了让他的演讲更具有煽动性，他不得不常常对着镜子自己练习。对于手部动作他尤其在意，曾经让人把自己演讲时的手势拍摄下来反复练习，以便形成一种更引人注目的演讲风格。后来的事情大家都很清楚，这个罪恶滔天的人凭借其煽动本领成了第三帝国的元首。希特勒练习手势的录影资料目前仍被保存在资料馆中。

英国曾有这方面的专家对双手的重要作用做过这样一项实验。他让参与实验的人用两种方式来讲一些通俗易懂的小故事，一种陈述者会在讲故事的同时配以简单生动的手部动作来表现故事场景。比如借助手的快速摆动来演示跑步的动作，用手拨弄头发来表示吹风机，以及用张开的手臂来模仿肥胖的歌剧歌手。另一种讲述方式是，陈述者不做任何手部动作。结果他们惊讶地发现，讲述者如果在讲故事的过程中配合有手部动作，其听众对于故事细节的掌握程度是那些光听故事的志愿者们所掌握的三倍。我们来假设一个情况，让自己的双手垂着说话，感觉如何呢？这样说吧，即使是个很少使用手势的人，也会感到非常的拘束和不舒服；因为不舒服，其所传递的讯息会很生硬，内心也缺少自信。

在我们与人交流或者进行演说时，不妨多让双手参与进来，让我们的交谈者或听众感受到我们的热情和真诚，并为我们积极的情绪所感染，以此来增加会话和演说的成功率。

解读抓挠耳朵的密码

抓挠耳朵是一种十分常见的动作，其实，它也有着自己深刻的内涵。当一个人在你面前抓挠耳朵的时候，他的心里一定在说："够了，不要再啰唆了！"

耳朵在我们面庞的两侧，它们是最安静的器官，负责为大脑收集来自外界的所有声音。对于耳朵，我们常常疏于关注，然而，在某些时候，我们也会对它做出一些无意识的举动。这些看似没有意义的动作其实也都反映了我们的心态和情绪。

我们常常会看到这样的场景，父母在屋外骂孩子，而孩子在自己的屋里用两只手堵住自己的耳朵，代表的意思是他不想听见父母骂他的声音。而成年人在不想听别人说话时，不会用手堵住耳朵，而会抓挠耳朵。成年人在抓挠耳朵时，也会抓挠不同的部位；而抓挠不同的部位对应不同的意思，现在就让我们一起来读解这些密码吧！

用手摩擦耳朵背部，一般是听者对你的话不太相信或者持反对的意见。在日常工作中，假如你正在和一个客户谈判，在你发表意见时，对方侧着头用手指摩擦着耳朵，这时代表的意思是对方对你现在表达的观点持相反意见，他正酝酿着发表自己的观点，因此，这时你就应当给对方发表意见的机会，否则，交流就会没有效果。

侯小姐是一个建材销售员。这天，来了一位很有意向的客户，侯小姐非常热情地介绍道："先生，我们这款地板是最好的三层实木地板，进口木料加工，现在正在搞活动，每平方米600元……”顾客看了一眼地板，用手指摩擦了一下耳郭背后说：“我先看看啊！”侯小姐根据以往丰富的经验判断，这位顾客很可能对这款地板的价格产生了异议，于是她迅速转换策略，向这位顾客介绍了一款较为经济的款，这次顾客听得很专心，半小时后，顾客即交了定金。

摩擦耳郭背后，表示出听话人希望通过摩擦耳朵来阻止这些话完全进入自己的耳中。正如案例中所出现的那样，当对方侧着头用手指摩擦着耳朵，这时代表的意思是对方不认可你正在说的话。此时，如果继续之前的话题，很有可能使谈话陷入僵局，或者使对方产生不信任感。

不停地抓挠耳垂、耳背对应的情绪和心理状态是：我很焦虑！人们在焦虑的时候，就会不由自主地抓、挠耳朵。当你看到身边的人抓耳朵，那么基本可以判定他可能是遇到什么难题了。在对话中，这个难题很显然就是：这场对话不怎么愉快，我该如何结束它呢？

把整个耳郭折向前盖住耳洞代表的情绪和心理状态是：我已经听得够多了！用耳郭盖住耳洞，潜意识表达的是不让对方说的话进入自己的耳朵，是所有抓挠耳朵部位中最直接传达不耐烦信息的动作。当你在和他谈天说地的时候，如果发现他轻轻地做着把整个耳郭折向前盖住耳洞的动作，那么你最好立刻停住讲话，因为对方的这一不明显的动作其实是要告诉你：“你说的话我一点也听不进去！”尽管对方不愿意直接这么说，但他的心情是很烦躁的。此时，千万记住，要及时转移话题或者停止交谈，否则就会给人留下啰唆和喋喋不休的印象。

用指尖掏耳朵表达的情绪和心理状态是：不屑！当你正在满怀激情地说着一件事情的时候，如果和你对话的人漫不经心地把指尖伸进耳道里掏耳朵，这个动作表示对说话者的不敬和对话题的不屑一顾。如果对面坐着的是领导或者长辈，你就应该考虑转换话题或者给对方发言的机会，因为对方的心思已经完全不在你的话题上。

不过，也有些人会因为耳朵痒而无意识地用手挠耳朵，或者用指尖掏耳朵，而且确实是耳朵发痒才挠的，并没有拒绝倾听和对别人不耐烦的意思。所以，要真正了解一个人的动作语言最好是配合当时的表情，当抓挠耳朵的同时，表情很漠然或者是很轻蔑，就可以判定对方确实是不想继续当下的话题了。

脚的动作同样能泄露心理

双脚距离大脑是最“遥远”的，一般人在人际交流中，很少关注双脚的“表情”，其实，双脚的动作同样能够泄露人们的情绪和心理，甚至比其他部位更加诚实。

如果让你来猜我们人体的哪个部位最诚实，你会猜是哪里呢？答案也许会让你大吃一惊，那就是我们的腿和脚。这个部位能揭示一个人的真正意图，可以毫不夸张地说，双脚是我们在寻找一个人思想的非语言信号时的首选部位。

人类的双脚能快速应对周围的威胁，这是因为我们的边缘大脑可以确定腿和脚能够在需要时做出相应的反应：停下来、逃走或踢向敌人。这种反应是处于一种本能和生存需要，无须理性思考的。直到现在，这些古老的反应依然存在于我们的身体和潜意识里。当我们遇到危险的事情或不认同的事情时，我们的腿和脚还会做出那一系列的反应，心理学上称之为“边缘反应”，即先冻结（瞬间静止），然后想办法逃开，最后，如果没有其他选择，就毅然地进入备战状态。

所以，只要你善于观察人们的腿部和双脚便可以得到更丰富的信息源，甚至洞察人们内心的秘密。手部的神经占了全身神经的25%，就连手臂部分也有15%；腿部的神经比较少，因此腿脚比较不受大脑控制。记住，越是不受大脑控制的部位，越是没有虚情假意。加上大部分人都对腿部和双脚的动作不太关注，根本不会考虑掩饰或者伪装这部分的肢体动作，所以腿部的动作要比其他动作更能反映一个人的内心情绪变化。

快乐、迟疑、厌烦等都可以通过双脚表现出来。在人们因为某件事情非常快乐时，双腿和双脚会一起摆动或颤动。有人称为“快乐脚”，这种类似跳跃的脚部动作，实际上是对几百万年前人们打猎成功后的庆祝仪式的一种延伸，很明显，它表达了一种十分积极的情绪。当一个人认为他正在得到他想要的，或有优势从另一个人或周围环境那里赢得有价值的东西时，特别是听到或看到某些意义重大的事情或事物时，“快乐脚”就会出现。“快乐脚”摇动的频率或强度增加，而且是发生在这个人听到或看到某些重要事件之后，那么，这就是一种对事情现状更满意和胸有成竹的心理，这个时候他的情绪是很积极的。而“快乐脚”突然终结，则可能预示着做动作的人情绪由愉快变得不愉快了。

张进是一个公司的人事主管，专门负责为公司选拔驻外任职人员。这天，来了一位女求职者。当问到对方是否愿意到海外任职时，张进发现这个女孩的脚开始变得有些活跃，随之她给出了肯定的答案。接着，张进又告诉女孩，她可能被派往非洲地区。她的两只脚同时变得僵硬起来。显然女孩是不愿意到非洲去。接着，女孩的答复果然是不确切的。她说：“对不起，我想考虑一下再做答复。”

摆动双脚还代表着一种期待。在临近下课时，课堂上的学生会因为焦急地等待下课而摆动双脚。这时的双脚表现的就是不耐烦和期待的心理。

和摆动双脚相反的是双脚的“冻结”，即突然完全停止所有动作，像被冻结一样。脚部冻结是边缘控制反应的另一种表现，是一个人在面对危险时的一种倾向。所以，如果不停摆动和弹动的双脚突然停了下来，那么，这通常说明，这个人正在承受压力和情绪的波动，或是感到了某种程度的压力。很可能是因为别人说到的事情或问到的问题刺痛了他，而那些问题中包含有他不愿意让别人知道的信息，很可能是什么怕被别人发现的事情。

脚尖所指的方向往往是一个人向往的地方。当一个孩子正在坐着吃饭时，邻居家的孩子突然敲敲门说："快出来玩啊！"这时孩子由于一心想着要出去玩，他的脚就会扭动起来，尽管他可能还没吃完饭。父母可能会要求孩子保持原位不动，但这时孩子的脚会慢慢远离桌子，不停朝着外面的方向扭动，并使尽力气伸向房门一侧。作为成人，我们同样会有这类边缘行为，虽然我们会有意识地去控制这些动作，但还是会露出些许端倪，因为他们是属于我们的潜意识层面的。

更加有趣的是，当一个人的脚部动作从左右轻摇转向上下踢动时，说明这个人一定看到或听到了些什么消极或不高兴的事情。而且这种行为自己几乎完全意识不到，是一种自觉行为。

在审讯中，经常会看到被审问的人由于焦虑和惶恐而轻轻晃动双脚，有经验的审讯人员会非常注意观察他们的脚部动作。

在一桩重大犯罪案件中，一名女子作为目击者被问话。由于案件丝毫没有突破口，所以整个审讯过程非常的漫长、乏味。在这一过程中被审讯者未发出任何有意义的信号，但是审讯人员却发现目击者的脚一直在摇动。这种代表惶恐不安和想要结束审讯的暗示让审讯人员感到怀疑。但是目前掌握的一切似乎都没有对这位目击者造成任何的不利。

接着，当问到一个本地区的惯犯的名字时，事情终于有了进展。那一刻，她的脚从摇动变成了上下踢动。这是一种很重要的线索，它告诉审讯员这个名字对她有一定的负面影响。在后来的审讯中，她承认了这名名叫克莱德的人曾经让她卷入一宗盗窃案中，她自己就是罪犯之一。

身体的这种背叛行为最终让她不得不在监狱中待上25年。

一个人或许可以假装出镇定自若的表情，可是如果他的双脚不断地轻敲地板或者双腿一直微微晃动（和快乐脚不同），那就说明在镇定自若的神情下，他的内心充满了想逃却逃不了的挫折感。跺脚同样有这样的心理原因，一个人开始跺脚，说明他的耐心快耗尽了。

尽管我们用衣服和鞋子遮住了腿和脚，但它们依然是最早做出反应的身体部位，在我们面对威胁和压力时，它会下意识地产生边缘反应，目的是保护我们免于受到伤害，同时缓解恐慌的情绪。

腿的动作更能解读情绪变化

在一个人的肢体中，如果脚能透露一个人的意图，那么腿当然也可以。特别是配合其他的肢体活动，腿的动作更是解读人情绪变化绝对不能忽视的线索。

在人类的进化过程中，腿部的动作主要源于两个目的：一是向前走以获得食物，二是在遇到危险时逃跑。由于人类的大脑直接关联着这两种基本目的，即走向自己想要的东西和逃离让自己感到危险的、讨厌的东西，所以人们的双腿会直接反映一个人的内心动向。

如果你是第一次遇到某个人，那么，对其腿部和脚部行为的观察就变得尤其重要。这些动作能告诉你对方对你的感觉。一般当我们初次与某人见面时，先是会真心诚意地上前与对方握手，并保持良好的目光接触，然后稍稍后退，等待对方的反应。通常情况下，对方的反应会有以下三种结果：

第一种情况是，这个人待在原地不动，这表明他的内心感到安全，他对这样的距离是满意的。

第二种情况是，这个人也后退一步或稍稍移开一些，这表明，他需要与你保持一定的距离，或者想要离开。

第三种情况是，这个人会上前一步，离我们更近一些，这说明他喜欢和你相处或喜欢与你交谈，他想要与你进一步接触。

记住，双脚和双腿是我们身体中最诚实的部分。在社交场合中，这是一种非常有用的信息。但是，应该根据自己对空间的舒适感设定一个距离底线。

交谈的过程中，双腿同样能给我们提供各种信息。

并拢的双腿却被认为是一种顺从。想象一下部队训练的场景，所有的人都被要求双腿并拢站直，运动员集训的时候也是一样。所以，当有人做出这个姿势的时候，代表他是顺从的，而他的性格可能也是温和而随意的。

打开的双腿总会让人感到强势和权威，实际上也确实是这样。因为叉开的双腿展现出一种开放的姿态，或是处于支配的地位。其实，叉开的双腿是一种“捍卫领地”式的行为。例如，猩猩们会把双腿大大地分开，而谁占据的面积最大，谁就被视为最有支配权的首领。在日常生活中，人类也会和动物一样，需要有专属于自己的领地。当领地一旦受到侵犯时，就会引起我们很强烈的反应，做出一些防御或抵抗的动作，叉开双腿就是其中一个典型的动作。

双腿分开的姿势一般来说是一个男性专用的姿势，女性大都不会模仿。但男性如果在女性面前做出这个动作，将会产生非常不好的影响。

办公室里，一名女员工站在老板桌前，顺从地接受老板的询问。这时，老板从椅子上站起来绕过桌子站在女员工的面前，他双腿叉开点了一根烟，女员工此时变得紧张起来，回答问题也显得不耐烦了，似乎想快点结束对话。老板则因为女员工的这种态度而不满，最后甚至开始数落女员工。无疑，他们的这次谈话最后以不愉快的气氛收场。

当男人做出双腿分开的动作时，大多数女性会随即做出紧拢双腿的动作。这样就很容易理解为什么上述事例中的女员工会紧张了，因为老板的姿势让她感到了威胁，这样就使双方之间产生了芥蒂。

叉开双腿并保持强势的站姿，是一种占据主导的暗示，是绝对权力的表现。如果一个男人在和另一个男人会面时，觉得对方不如自己强悍，一般来讲就会叉开双腿；此时如果对方觉得自己也不弱，就会随之也叉开双腿，做出挑衅的姿态；而如果对方被前者的气势压倒，就会并拢双腿。

当人们陷入对峙状态时，双腿会自然打开。而且双腿叉开的幅度会随着矛盾的激化而变大。如果你面前的一个人将双腿从并在一起到叉开时，你基本上可以肯定这个人的情绪是紧张而愤怒的。此时，你就要提高警惕了。这是一种强烈的信号，至少也表明可能要发生一些不愉快的争执了。而且通常情况下，当争执扩大时，这类叉开姿势的幅度也会增大。缓解对抗局面的方法之一就是尽量避免表现出这类行为。如果我们能在愈演愈烈的交火中及时收住这类叉腿的动作，及时地将两腿收拢，一定能降低对抗等级，使情况得以缓和。

与叉开的双腿对应的是交叉的双腿。一般情况下，双腿交叉反映的是人们在社交活动中的舒适感和安全感。当我看到两个交谈中的人都将双腿交叉时，我便知道他们都感到很轻松。另外，我们在别人面前感到自信时也会将双腿交叉。

当一个人独自站在电梯里时候，他会自然地将双腿交叉，因为一个人是很舒适的。但是，一旦有人走进来时，双腿会很快由交叉状态回到正常的姿势，让双脚紧紧地站立在地板上。这其实就是我们潜意识中对于周围环境做出了判断："不能太大意，可能会有危险发生，所以要时刻做好准备。"

双腿还会根据不同的环境做出其他的反应。在一个舒适、自由的社交环境中，我们的双腿还会做出与周围的人相同的动作（趋同行为），这是非常有趣的。不仅如此，当两个人并肩坐在一起时，他们双腿交叉的方向是很有意义的。如果他们关系很好，压在上面的一条腿应该指向另一个人的方向。如果其中一个人不喜欢他的同伴，他会将双腿换个方向。这样一来，大腿看起来就成了一道壁垒。

腿部的动作就是如此神奇地反映着人们的情绪和心理，只是人们大多时候会忽视它们的作用。从现在起，不妨就开始观察你身边的人所做出的腿部动作，你会发现其实大多数人的内心波动逃不过你的眼睛。

从站姿中看懂对方性格

即使只是随意地站着，人们也会因为性格和情绪状态的不同而呈现出多种多样的姿势。所以，我们从站姿中同样能够看懂对方的性格和情绪。

我们已经说过，脚和腿能够反映人的情绪和心理，当然，由腿脚来完成的站姿，也可以反映人的性格和心理状态。“站有站相”正是说明从一个人的站姿可以得知这个人的品性和内心。

当一个昂首挺胸、站得笔直的人在你面前的时候，你肯定会被他的状态所感染。因为这是一种自信的表现，有这样的站姿的人一般做事雷厉风行、正直、有魄力。所以，当你看到一个站立时胸部挺起、背脊挺直、双目平视的人时，你基本上可以断定他是一个乐观、自信、有理想的人，另外，这类人通常还比较注意个人形象。军人、警察等经过了长期训练都有这种站姿，而且令人惊奇的是，一个人如果内向缺乏自信，通过训练站军姿，也可以变得开朗自信、有魄力。所以，你如果想让人对你有一个良好的印象，首先要养成良好的站立姿势。

与昂首挺胸的站姿相反的是弯腰驼背的站姿。长时间萎靡颓废的性格，会让人形成弯腰驼背的站姿，整个人的腰是弯曲的，这种弯曲的站姿并不是由于年龄和病态造成的，是由于内心的消沉和封闭造成的。这种人性格大都比较封闭、保守甚至有点自闭，他们自我防卫意识非常强，经常惶恐不安，他们对生活很难抱有较大的兴趣，精神上也非常消沉。

站立时双脚合并、双手垂置身旁是一种顺从的心理表现。喜欢这种站姿的人大多诚实可靠，性格比较保守、传统，甚至有些古板，墨守成规。但他们很有毅力，绝对不会轻易向困难低头。

有些人喜欢双脚自然站立的同时，每隔一段时间就习惯性地抖动一下双腿，双手十指相扣在腹前，大拇指相互来回搓动。这样的站姿是属于比较另类的，一般来说拥有这样站姿的人个性比较张扬，具有强烈的自我表现欲望，内心情绪起伏也会比较大。在公共场合，他们特别愿意成为大家视线的焦点，甚至有时候会做出一些过激行为，以吸引他人的注意。

站立时习惯倚着其他东西的人，一般情绪比较低落。如果只是偶尔出现这样的站姿，可能是一时的心情不好引起的；经常做这样的动作的人，则性格上比较温和，对待别人时一般比较友好，说话比较坦白，也较容易接受别人的观点。

站立时姿态不断改变的人，一般来说性格急躁；反映在情绪上，则是焦虑不安。他们身心可能经常处于紧张状态，另外，他们的思想观念也会经常发生改变，没有固定的想法和信念，是个不折不扣的行动主义者。但在生活方面，他们大都喜欢接受新的挑战，具有创新精神。

双手相握于胸前、自然站立的人，一般是对现状满意的表现，一般来说，他们对正在做的事情成竹在胸，非常有把握，或者是对自己所做的一切踌躇满志，信心十足。

站立时将双臂交叉于胸前，这样的动作好像在胸前设置了一个保护墙。在和对方交谈的时候，如果对方双臂交叉放在自己的前面，那么即使对方眼睛看着我们，脸上带着微笑，也可以断定你的话他可能根本就不赞同。喜欢做这种动作的人往往自我保护意识比较强，即使与非常熟的朋友也会保持距离，经常给人一种难以接近的感觉。交叉的双臂会在两个人之间形成“屏障”，阻止沟通。当你想加入一个完全没有认识的人的团体时，若此时他们正聊得开心，这时候你千万不要双臂交叉加入进去，因为这就表示你与他们拉开了距离。如果你以这种严肃的姿态参与谈话，那么很快这个小群体的其他人就会一个接一个地做出双臂交叉的姿势。很显然，他们对你的加入并未表示欢迎。

双手叉腰而立代表的是高度的自信，这是一种开放型的动作，表明做动作的人对自己相当自信，对自己所处的位置有着绝对的优越感。在现实生活中你会发现，没有一定气魄的人是很不容易做到习惯性地将双手叉腰而立的。一些领袖或者伟人却常常能够驾轻就熟。这类人对身边发生的各种事情往往都能随时做好应付的准备。

喜欢将双手握于背后站立的人往往具有较强的纪律性，看重权威的力量，一般具有很强的领导能力，在工作方面认真负责，最不能容忍的就是欺诈隐瞒等行为。这类人极富耐心，对自己认定的事情也绝对不会轻易改变，但这类人的缺点就是有时主观性太强，性格倔强，甚至可以称得上顽固。

习惯于双脚自然站立，将双手插入裤兜的人，多少有些保守，如果加上时不时地拿出来又插进去的动作，则说明此人心中可能有些事情放不开，内心产生了沮丧、失落的情绪。这些人的性格往往谨小慎微，做事习惯三思而后行，但又常常在事后感到后悔。

观察他人的走姿，你会有惊奇的发现

当一个人从你身旁走过时，他的性格和情绪会一览无余地呈现在你的面前，因为这一切都在影响着人们的步伐。注意观察他们的走姿，你会有惊奇的发现。

走路的姿势是一个人从小到大逐渐养成的，所以，它更加集中地体现了一个人的性格和修养。一个人走路的姿势是很难伪装和改变的，并且完全暴露在我们的视野中，从走路的姿势我们会很快了解一个人的性格和他的情绪状态。

走路的快慢，步子的大小，采取什么样的步态都和性格及情绪有关，以下是一些常见的走路姿势和对应的性格特点。

走起路来昂首挺胸，是一种自信心态的表现，拥有这样走姿的人心情应该是很不错的。而一贯这种走路姿势的人一般都非常自信，他们思维敏捷，做事有条不紊，具有较强的组织能力，是一个合格的领导者。不过，如果他的自信过于膨胀，就容易变成自负，爱以自我为中心，听不进不同的意见和建议。

走路时步子迈得很大、步伐稳健的人，心情也肯定是很愉悦舒畅的，只有情绪平稳的心理状态下，人们才会保持稳健的步伐。而习惯于用这种步态走路的人一般性格沉稳，做起事来也是追求稳妥，遇事不惊，忙而不乱，习惯先考虑清楚再去做。这样的做事方式让他们能够稳扎稳打，脚踏实地地前进。无论是事业还是生活，都能以自己的冷静和果敢获得成功。这类人也多比较讲诚信，“言必行，行必果”，一般说到做到，不会食言。在对待朋友上，这种人属于一诺千金、为朋友两肋插刀的人。

走路时习惯于上身向前微倾、猫腰的人性格较为温柔内向，为人谦虚，敏感而重情感。走路时低头弓背，努力让自己显得更微小，其潜台词是“不要打扰到其他人”。世界上最著名的猫腰走路的人，大概是林肯了。

拖着脚走路的人，步履拖沓，看起来无精打采，那么他通常是内心苦闷、不快乐的。

走起路来风风火火，大步向前，迅速如风，双臂还不由自主地前后摆动是内心情绪亢奋的表现，一般遇到开心的或者值得期待的事情时会有这样的走姿。拥有这种走路习惯的人一般性格都属外向型，活泼开朗，喜欢和人交流，做起事来也较豪放洒脱，敢于做各种尝试甚至冒险。但由于性格急躁，这类人容易冲动，有时可能会出现过激行为。但是有的人不管有事还是无事，不管办事地点是远还是近，即使时间十分充足宽裕，也仍旧急匆匆的，两脚运动得特别快，或者总是一路小跑。这种走路的姿势是心急的表现，拥有这种走姿的人大多精力充沛，但是容易毛毛躁躁，不够有耐心。

走路时总是一副慢慢腾腾的样子，是举棋不定和处于观望阶段的心理表现。有这样走路习惯的人，做事喜欢三思而后行，无论什么事，都要等别人做了，看到万无一失以后才去做。

走起路来一摇三晃，随时可能被风吹倒的人往往喜欢故弄玄虚。

走路喜欢大摇大摆的人，生活中也爱出风头，有点口无遮拦。

走路时倾向于脚向后踢高的人大多性格比较冲动。

走路的时候高抬着自己的下巴，两手夸张地摆动，脚步显得僵硬而夸张，给人一种松垮的感觉。这种人一般自诩清高，常会给人一种盛气凌人的感觉。而且与人交往中，往往自认为高不可攀，实际上只是内心的虚荣心和骄傲感在作祟。

走路喜欢双手叉腰的人，一般性情急躁，且具有独裁意识。

走起路来连蹦带跳的人一般没什么心机，对朋友能够坦诚相待，虽然做事粗心大意、丢三落四，但大都慷慨好施，不求名利与享受，安分守已。这类人也比较乐观开朗，情绪是积极的。

走路的姿势是千差万别的，但都和一个人的情绪和性格有着密切的联系。当然，每个人走路的姿势不是一成不变的，如果一个平时走路慢悠悠的人，突然急匆匆地走起来，那肯定是发生了什么让他心急火燎的事情，他这个时候可能很愤怒，或者焦躁不安。反之，平时走路一溜小跑的人，却拖着步子走过来，很有可能是因为某件事而悲伤不已，他的情绪非常消沉。坏消息或噩耗能驱使一个人夺门而出，不顾一切地跑向事发现场；也可能导致这个人步伐沉重，仿佛整个世界的重量都压在他一个人的身上。

所以，当你要通过走路的姿势了解一个人的性格和情绪时候，一定要根据当时的具体情况来判断。

通过坐姿来判断心理变化

由于人们交谈的时候大部分情况下是坐着的，所以透过坐姿来了解他人的内心情绪是很重要的，并且，通过分析坐姿来判断他人的心理变化，也是一件非常有意义、可操作的事情。

每个人的坐姿习惯都不同，有的人坐下时很迅速，有的人则习惯慢慢腾腾地坐下，也有些人小心翼翼地坐在椅子前部，还有些人将身体深靠在座位上。有的人喜欢跷着二郎腿，有的人喜欢双腿并拢，而有的人喜欢两脚交叠。这些不同的坐姿，无不投射出一个人的个性和独特的心理状态。那么，不同的坐姿又反映了怎样的性格和心理状态呢？

正襟危坐、目不斜视的人是认真严肃的，其心理状态也是平稳的。给人的感觉是威严、严谨，这种人的性格是力求完美，办事周密而讲究实际。在做事上，这种人只有觉得已经有十成把握的时候，才会采取具体行动，所以，他们做事很少因为冒进而造成失败，却经常会因为过于求稳而丢掉了最好的时机。

舒适而深深坐入座位的人，可视为心理上比较放松，或者在于对方交流时表现出心理优势。这种坐姿的人一般比较自信，情绪上也很安稳。

与此相对的，是始终浅坐在椅子上的人，有这种坐姿的人情绪上是不够稳定的，他们在与对方交流时，无意识地表现出居于心理劣势，且欠缺精神上的安定感。

另外，浅坐如果和身体前倾、直视对方一起出现，则是一种倾听、顺服的坐姿。在应聘时，如果面试官有这样的坐姿，说明我们的话题引起了对方的兴趣；你在相亲，相亲对象出现这种坐姿，则说明你的谈吐引起了对方的好感；如果是在谈生意，你的生意伙伴出现这种行为，那么恭喜，说明他已经产生了签单的愿望。

如果坐着的时候将身体尽力蜷缩一起，双手夹在大腿中而坐，这种姿势一般出现在下级聆听上级训示，或者是学生聆听老师教诲的时候。通过用大腿夹住双手，从而牵引两臂向前伸，腰部向前弯曲。虽然看上去毕恭毕敬，但实际上，这种坐姿表达的并不是百分之百信服心态，只是处于弱势地位，不得不做的服从的一种表现。

喜欢侧身坐着的人通常心态放松，不拘小节。这种坐姿的人当下的心理状态是非常舒畅的，甚至已经进入忘我的境界。有这种坐姿习惯的人往往不太在意别人对自己的看法，本性率真善良，有一说一，不太会隐藏自己的心理感受。也许他们直接外露的表达感情方式让人感到惊讶，但他们所表达的都是真实的情感和想法。

“弹弓式”姿势是两只手放在后脑勺的坐姿。这种姿势意味着冷酷、自信，无所不知。基本上，这也是属于男性专用的身体姿势。“弹弓式”姿势是很多职业的象征性姿势，例如会计师、律师、销售经理等；另外，那些自我感觉高人一等，或是对某件事情的态度特别强势、自信的人，也会做出这个姿势，给其他人施压，或者故意营造出一种轻松自如的假象，以此麻痹你的感官，让你错误地产生安全感。

托腮侧坐的姿势是在认真倾听和思考的表现。假如对方在思考之后，变换了坐姿，将后背靠在椅子上，眼睛盯着某个地方陷入了思考状态，而且下意识地交叉了双臂。这时候你一定要注意了，对方很可能对你说的话产生了怀疑，正在考虑如何反驳你。

坐着的同时，双手敞开是一种心情极度放松的表现，可能是因为完成一项大的任务后，心情一下子轻松起来；也可能是因为喜欢掌握权柄，在得到梦寐以求的地位后出现这种坐姿。这种情况下，一般意味着那个人的情绪非常平静。不过，习惯性这样坐姿的人还有一种可能：小人得志，不知道天高地厚四处显摆的人。因此，看到这种坐姿的人时，要注意结合其他的因素进行分析。

跷二郎腿的坐姿一般有两种解释：一种是对自己的地位、所处的环境非常满意，心里怡然自得；另一种则是玩世不恭、吊儿郎当。有些女性也会跷起二郎腿，一般来讲这样的女性一般比较自信，并且喜欢表现自己。

把腿放在椅子的扶手上同样是一个相当男性化的姿势，因为在这个姿势中，双腿也是分开的。这个姿势不仅强调了男人对这把椅子的所有权，而且还传达出一种不拘礼节和挑衅的态度。

下面是一位心理分析师的手记：

一位员工因某个私人问题十分苦恼，于是便想去向自己的上司讨教一下。当这位员工坐在椅子上叙述来龙去脉时，他将自己的身体前倾，双手放在膝盖上。低着头用沮丧的语调、低沉的声音缓缓讲述着自己的经历。他的上司起初是静静地坐着，认真倾听，而后却把后背靠在椅背上，抬起一条腿搁在扶手上。坐姿的变化表现出这位上司的态度已经发生了明显的转变，他此时可能对自己这位员工所讲的话一点也不在意，甚至觉得对方简直是小题大做。然而，这位员工却并没有从上司的坐姿变化中体会到这一点，依然絮絮叨叨地说着。直到这位员工离开他的办公室时，上司才如释重负地长舒一口气，自言自语道：“谢天谢地，他终于走了！”于是他把腿从椅子扶手上放下来。

当某人将一条腿放在另一条腿上，用一只手甚至双手抓住处于上方的那条腿，表明其人特别有主见而且相当顽固，他不会认同任何人的观点，只会相信自己。

害羞和胆小的人们经常使用两腿交缠的姿势，这个动作基本上专属于女性，而且是羞怯和胆小的女性以及兼职柔术演员的标签。不管女孩的上半身表现得多么放松，但此时的她就像胆小的乌龟一样，也希望自己能够躲进厚厚的壳里。

当人们两腿分开自然地坐着时，常常会出现搓腿的小动作，这个动作不易被发现，因为它常常是在桌子下方完成的。当出现这个小动作时，虽然其他腿部动作可能和我们前面所说的准备就绪的腿部动作一样，但是此时对方并不是准备逃跑或者准备给出回答，此时对方很焦虑，他正在通过搓腿的动作进行自我安慰，反复搓腿可能是因为对方紧张到手心出汗，他这样做是想通过擦干手心的汗来消除紧张感。警察在审问嫌疑人时总会仔细观察他是否有不断搓腿的动作，如果有，就说明他非常紧张和焦虑，他说的话有可能是谎言，或者他对目前这个问题感到忧虑，而这些都能成为断案的重要线索。

有的人在坐下的时候会将椅子转过来，跨骑而坐。有这样习惯的人很可能是一个支配欲望很强的人，当他们开始面临语言威胁，对他人的讲话感到厌烦或想压下别人在谈话中的优势的时候，他才会做出这样的姿势。

坐姿能反映人们不同的性格和心理状态，但因为坐姿也是可以假装的，所以，我们还要结合当下的情景以及对方的面部表情和其他的情况来对他人的想法和情绪进行解读。

通过行为细节，了解情绪和心态

一举一动、一颦一笑，无不关乎性格，关乎情绪。所以与人交谈时，单单看身体的某个部位的动作，是不够的。要善于把握整体，抓住细节，这样更有助于我们了解他人的真实想法和情绪变化。

一个人所表现的任何一个微小的细节，都有可能折射出他的情绪性格。所以，在生活中多多观察他人的言行，对于了解他人的内心和行为的根源都是有必要的。

大多数情况下，我们都不可能有太多的时间去观察别人的各种姿态，只有很短的时间和对方接触，那么是不是就没有办法了解对方了呢？其实，通过一些行为细节，你依然可以顺藤摸瓜，了解到对方的情绪和心态，以及他的性格特征。

张强在某公司的市场部工作，这里对员工的个人素养和生活细节要求得非常严格，可以说每个人的一个小小的举动都和公司的利益有关。一开始，张强还不太认可这种理念，后来经过一些实例，他发现，一个人的行为细节果然会产生很大的影响，因为员工的每个小小的举动都有可能会给别人留下或好或坏的印象，直接影响到公司业绩。在与客户接洽的过程中，可以根据对方的某个细节判断对方的心理倾向和情绪变化，同时，自己的行为细节也会被对方感知并做出各种回应。当对方发现合作者举止不雅，就很有可能会认为这个员工生性随便、办事拖沓，进而怀疑到公司的工作效率，这样就可能给公司带来很大的损失。

当一个人在谈话的时候边说边笑，毋庸置疑，他的心情肯定是极好的。如果一个人常常边说边笑，那证明他是一个性格开朗的人，这种人对生活要求从不苛刻，很注意“知足常乐”，且富有人情味。对待身边的人也很热情，所以人缘较好。

喜欢掰手指关节的人情绪常常变化多端，这类人精力旺盛，非常健谈，但喜欢钻“牛角尖”。对事业、工作环境比较挑剔，但如果是他喜欢干的事，他就会不计任何代价而踏实努力地去干。

喜欢抖动腿脚，用脚或脚尖使整个腿部抖动的人，性格往往比较自我，他们一般不太能从他人的角度考虑问题。不过他们大多思维活跃，很善于思考，能经常提出一些意想不到的问题。

拍打头部的动作是表示懊悔和自我谴责。常常有这种动作的人对别人要求苛刻，但对事业有一种开拓进取的精神。他们一般心直口快，为人真诚，富有同情心，愿意帮助他人，但守不住秘密。

摆弄身边的小东西是一种不太自信的表现。比如有的女性喜欢摆弄饰物，表明她比较内向，不轻易使感情外露。但这些人的另一个特点往往是做事认真、踏实、负责。

低头是一种思考的动作，常常低头的人往往很慎重。讨厌过分激烈、轻浮的事，孜孜勤劳，交朋友也很慎重。

耸肩摊手的动作表示的心理状态是“自己无所谓”。常常做这类动作的人大都乐观开朗，为人热情，而且诚恳，富有想象力，会创造生活，也会享受生活，他们追求的最大幸福是生活在和睦、舒畅的环境中。

抚弄头发是一种感性的表现，常常喜欢摸弄头发的人一般都很情绪化，常常感到郁闷焦躁。在人际交往中显得很敏感，对人忽冷忽热。

到处张望是一种好奇心理的表现，常常做出这样姿态的人，大多是乐天派，他们的快乐情绪能够感染周围的人。在人际交往中，他们有顺应性，对什么事都有兴趣，对人有明显的好恶感，对事情也是爱憎分明。

讲话的时候摇头晃脑是一种自信的表现，这样的人大多很自负，以至于唯我独尊。他们在社交场合有着极强的表现欲。

如果一个人对别人的观点或者态度持有反对意见，但又不愿意直言，他很可能会做出的一个动作是假装“摘绒毛”，这表示他怀有个人的保留意见，不管他在口头上如何表达自己毫无异议，这个动作都会泄露他内心的想法：他并不是真心地赞同其他人的观点。这位假装在摘绒毛的人，通常会双目低垂，与其他人保持一定的距离，看似漫不经心地做着无关紧要的小动作。

大口喘气表明做动作的人正承受了很大的压力，胸膛起伏或扩展收缩较快引起的。当你看到一个健康的人做出这样的动作时，你可以猜测他可能正在承受巨大的压力。

当人偶尔做出某种动作，通常和当时的心理状态有直接的关系。但是如果是经常做出某个动作，则可能和一个人的性格有关。所以在观察一个人的动作细节的时候也要和当时的情景结合起来。

2

Chapter 2

探秘手部微动作

解译手部语言密码

在人类的各种肢体语言中，手势的动作幅度是最大的，同时，方式也更加多样和灵活。在人类的进化过程中，双手是劳动不可或缺的关键部位，发挥了至关重要的作用，推动了人类的进化历程。我们都知道，一个人的语言可能会欺骗你，但是他的身体语言不会。人们可以在语言上伪装自己，但身体语言却经常会“出卖”他们。因此，解译人们的手部语言密码，可以帮助我们更准确地认识他人。

FBI特工克里斯·基特在多年的办案中，发现了这样一个有趣的手部动作：当他向罪犯询问情况时，罪犯一开始都会为自己做强有力的申诉，并不时地用尖塔式手势加以强调，而一旦谎言被揭穿，罪犯便会立即把拇指伸进口袋，以掩饰内心的惶恐和不安。

可见，手部的动作可以在一定程度上反映一个人的心理活动。我们再来看下面一个故事：

青青在一家民营企业工作，她在大学学的是心理学，对人的心理颇有研究，为此，公司让她全权负责对外谈判业务。

最近，公司正在与一家大型外企接洽，能否做成这单生意关系到公司下半年的经济效益，为此，老总给青青下了死命令，务必要顺利拿下订单。

经过一系列的准备后，青青带着项目书亲自到外企拜访对方，和其进行深入的沟通，以使项目设计方案更加完美。在交谈的过程中，青青看到对方负责人拿出了一张A4纸，上面密密麻麻地写满了对该项目的意见、建议以及不满意的地方。不知不觉间，对方负责人还把双手交叉放在了胸前，脸上写满了质疑。虽然对方负责人并没有明确说什么，但是青青见此情景，马上打起十二分的精神，停止了解释，开始一项一项地按照客户的意见完善方案，即使她觉得客户的方案不好，也没有反驳，而是有理有据地把自己的设计方案为客户演示了一遍。在青青专业、敬业、耐心、真诚的演示下，客户的双臂渐渐地放了下来，投入了与青青的讨论之中。至此，青青才松了一口气。最终，她顺利地为公司签下了这个大订单。

从这则职场故事中，我们可以发现，青青是聪明的，她在看到客户把双手交叉放在胸前时，就立即意识到这是客户想拒绝和否定的意思，于是，她及时调整策略，成功地打开了客户的心扉，最终顺利签约。相反，假使她看不懂客户的手势语言，而是选择一味地解释，那么，客户肯定会认为她是在强词夺理，从而更加反感她。由此可见，小小的手势里也暗藏着玄机。

可见，手势语言能够生动地反映人类的内心世界。如果能够详细了解手势的含义，就能帮助你更加顺利地洞悉他人的内心。比如，很多时候，人们都会摩擦手掌，因为摩擦手掌代表着丰富的含义，适用于各种情境。摩擦手掌的时候，速度不同，反映的心理状态也不同。摩擦得慢，表明犹豫不决；摩擦得快，则表明满怀期待。

在与人交流沟通时，即使不说话，也可以凭借对方的手势来探索其内心的秘密，对此，我们可以做出以下总结：

通常情况下——

如果对方有以下动作，表明他可能在说谎：

（1）当你与对方交谈的时候，如果发现他有这样的动作：不时地拉衣领，说明其心虚。此时，你可以这样试探他："请你再说一遍，好吗？"如果对方支支吾吾，前言不搭后语，则说明对方极有可能在说谎；

（2）如果一个人说话时下意识地用手遮嘴或摸鼻子，则代表其有说谎的嫌疑。

如果说话时对方出现以下动作，表明他对你所说之话抱有消极的态度：

（1）当你兴致勃勃地表达观点时，对方却不时地抓耳朵，这表明他对你的话已经不耐烦了，希望你打住话题，也可能希望你能给他一个表达的机会。

（2）如果与你交谈的是一个群体，当你说话的时候，他们多出现交叉双臂或用手遮嘴的动作，则表示他们根本不相信你的话。

（3）说话时用手挠脖子表示人们对所面对的事情有所怀疑或不肯定。

为了获得他人的信任，产生积极的谈话效应，我们可以尽量做出以下动作：

（1）说话时，尽量手心朝上，因为这一手势所传达的信息是：我是坦诚的、不说谎的。

（2）摊开手掌更能赢得他人的信任，但如果这是你的习惯性动作，那么就不灵了。

（3）握手时掌心向上，并垂直与对方握手，能表明你性格温顺，为人谦虚恭顺，愿以彼此平等的地位相交。

十指交叉暗藏玄机

我们都知道，人的手是由手掌和手指组成的，不难想象，手指能产生很多的动作。在人际交往中，想必你会发现，不少人在交谈时有双手手指交叉的动作，那么这一动作是不经意的习惯还是暗藏了什么玄机，我们不妨先来看看下面这样一个心理学故事：

布朗克是一名经验丰富的司法审讯人员，他常被同事们开玩笑称为“神探布朗克”。有一次，他接到上级命令，要对一个巨大的跨国诈骗集团的头目进行审讯。

这名犯罪嫌疑人叫杰森，曾就读于国外一所名牌大学的金融系，同时还拿到了法律系的毕业证书，可以说是一个人才，他深谙如何钻法律的空子挣钱。

刚开始时，审讯工作很难进行，因为杰森确实是太聪明了，他很熟悉警方的办案程序和审讯程序。表面上来看，无论布朗克问什么，杰森都会很配合地回答，但他的答案简直是滴水不漏，布朗克根本找不到任何破绽，他根本分不清杰森的哪句话是真的，哪句话是假的。就这样，审讯进行了好几天仍没有结果，布朗克为此很担忧，因为根据规定，如果扣留嫌疑人一定的时间再找不到证据，就必须要放人，布朗克告诉自己，绝不能让这个犯罪嫌疑人逍遥法外。最后，倍感焦急的布朗克接受了学心理学的妻子的一个建议——看对方的无声语言：手势。

后来，布朗克派人悄悄地在审讯室里装了几台摄像机，这样，他便能在审讯结束后看清楚杰森的一举一动。

果然，在看录像带的时候，布朗克发现，嫌疑人的手势发生了改变：在回答某些问题时，杰森的双手很自然地放在腿上一动不动。而在回答另外一些问题时，虽然杰森的眼睛依然十分镇定、真诚地看着他，回答的内容也没有任何破绽，但他的双手却开始不自觉地做十指交叉状。布朗克以此为线索展开案件调查，终于把杰森绳之以法。

也许直到杰森锒铛入狱的那一天，他也无法理解自己究竟是哪里出了纰漏。其实，帮助布朗克破案的关键就是“十指交叉”暗喻的心理，十指交叉是掩饰内心真实想法的外在表现。

的确，在生活中，也许我们会经常做出十指交叉这一手势，但我们会认为这是个不经意的动作，而实际上，这一动作也是内心情绪的体现，当然，十指交叉的手势，手位置的高低与消极情绪的强弱有关，较高位置的十指交叉比较低位置的十指交叉更消极、更抵触。具体来说，有以下几点：

1. 十指交叉，双手紧握

说明对方已经开始自我否定了，他的内心是沮丧和消极的，如果与他较量，此时就是你一举拿下对方的最好时机。

2. 十指交叉，放在大腿上，并且伴有拇指指尖相顶

说明此人处于比较尴尬的境地，不知如何自处，或者是谈话内容让他感到进退两难。当对方出现这种手势时，我们不妨给出几个建议，让他进行选择。

3. 十指交叉，自然放置

说明对方此时心平气和，并且比较自信。如果希望对方接受你的论点，想必你要找出一些强有力的证据。

4．十指交叉，一手手指抚摸另外一手

说明此时对方内心比较不安、焦虑，或者处于高压或怀疑的情况下，这一动作是为了安慰自己的大脑，与对方接触和谈话时，首先要做的就是给对方信任感，让对方安静下来，使其愿意接受自己，对自己敞开心扉。否则，双方沟通会很困难。

5．十指交叉，眼睛平视对方

出现这种手势说明对方已经失去耐心，正在压抑内心的不满。此时，应该把话语权交给对方，或者停止交谈，以免引起对方的反感。

6．十指交叉，放在脸前

这是一个十分明显的敌对动作。当对方做出这种动作的时候，就传达出“别说了，我不想听”“我不相信你”“我不认为这个可行”“我想结束谈话”等消极情绪，此时你应该结束谈话。

7．十指交叉，放在胸腹之间

说明此人已经在心里拒绝了你。此时，即使你再强调自己的观点，对方也不可能再接受你，你可以采取另外一些较为轻松的交流方式，如先为对方送上一杯饮料。总之，要想办法让对方解除十指交叉的姿势。否则，他会拒绝你所有的想法和观点。

总的来说，十指交叉手势，手位置的高低与消极情绪的强弱有关，较高位置的十指交叉比较低位置的十指交叉更消极、更抵触。所以，当对方做出十指交叉手势时，你不要再认为这是一个不经意的动作了。

拨弄头发背后的含义

我们都知道，人的手部动作有很多种，不同的动作会传达出不同的心理信息。可能你曾有这样的疑问：在交谈的过程中，对方总是喜欢用手指玩弄头发，这是习惯还是下意识动作？我们不能排除前者这一原因，但大部分情况下，人们之所以会有这样的手部动作，是因为内心紧张。不断地拨弄头发，能帮助其缓解压力。如果你能看到这一细小的手部动作背后的含义，并做出具体的应对措施，相信能帮助你成为一个善解人意的人。

对此，我们不妨先来看看下面的故事：

李武攻读完心理学硕士研究生以后，被一家心理学机构高薪聘请，但因缺乏实战经验，他被安排在最底层实习一个月，自然，这也在情理之中。

一天下午四点左右，他遇到一个麻烦的客户，很多问题他都解决不了，大家又都在忙，他想，去问主管吧，刚好可以交流一下。当李武敲门进去的时候，主管正在看一本杂志，他想，做领导真好，这么悠闲。于是，李武慢慢地把事情和领导说清楚，可是，李武却注意到了领导的一个动作：领导在听自己说话的时候不断地用手拨弄头发，领导的头发很短，很明显，这不是头发乱了的缘故。根据李武曾经看过的心理学书籍，他知道，领导大概是遇到了什么事情，有巨大的压力，再一看，领导办公桌上有一封信，并不是公司的信件。李武明白了，估计刚刚主管看杂志也是想让自己镇定下来，于是，为了不打扰主管，李武找了个理由离开了办公室。走出办公室后，李武问主管秘书到底是怎么回事，原来是主管在美国的老父突然病逝，昨天寄来了信。

这天下班后，李武并没有着急回家，而是等在公司大厅，后来，主管出来了，李武拍了拍他的肩膀说：“不要伤心了，走，去喝一杯。”主管先是一惊，心想李武是怎么知道的？但无论如何，他还是答应了。那天晚上，半醉之下，主管跟李武说了很多掏心挖肝的话，尤其是老父亲是怎么辛苦培育自己的。

那次之后，李武便和主管在私下成了最铁的朋友。

毕竟是学心理学的，从领导的几个小动作中，李武就看出了他有心事急需平静，便不再打扰，聪明的他很快又从秘书那里得知到底发生了什么事，然后他便充当了一个知心朋友的角色，领导就会感觉得到李武的善解人意，关系自然会拉近一步。

从这个故事中，我们不难发现一点，人们的很多不经意的小动作其实并不是习惯使然，而是有一定的心理原因。比如，玩弄头发就是心理解压的象征。当然，有同样含义的动作还有很多种，如拨弄外套上的纽扣，把餐巾纸折来折去，也可能是不断地变换坐姿、抖脚、手指头像弹钢琴般来回敲打桌面。

那么此时，我们该怎么做呢？对此，我们应该做的是让其分心，阻止其继续钻牛角尖。否则，压力就会像滚雪球般越滚越大，切忌不断地逼问其到底发生了什么事。贴心的你可以将心不在焉的他拉回现实，邀他到公园散步、唱歌、跳舞、运动、看电影等，依靠另一种活动引起他的兴趣。在从事这些舒缓压力的活动中，一般来说，他是能从烦心事中抽离出来的，此时，他便极有可能将导致压力产生的原因告诉你，你们之间的关系必定会更进一步。故事中的李武所选择的处理方式便是陪领导喝一杯，“酒逢知己千杯少”，几杯酒下肚，对方自然会对你掏心掏肺，内心的压力也就倾诉出来了。当然，许多时候，他也未必透彻了解自己的烦心事因何而来，这需要你慢慢引导。

紧握双拳是即将发怒的象征

夏小生是一名警察，他最近遇到了一个棘手的案件：一名女子在自己的家中被谋杀，根据罪犯的犯罪动机，夏小生把女死者生前可能有过节和相关联的人都请到了警察局，其中，有女死者的前男友、现任丈夫、债主、公司里有过节的上司，但根据这些人的口供，夏小生发现，他们都有不在场的证据。这让他很头疼："到底谁是杀人凶手呢？到底有什么破绽我还没找到呢？"夏小生这样想。

"其实，问题一点儿也不难，他们不是什么间谍，也不是联邦调查局的人，肯定会露出马脚的。"夏小生的上司突然站在他身后，说了这样一番话。

"那么，您觉得谁是凶手？"夏小生问。

"她丈夫。"上司很干脆地说。

"能告诉我您判断的理由吗？"

"我不知道你注意到没，这个人真的很奇怪，根据他描述的，他应该很爱自己的妻子，那么，在妻子去世后应该很悲痛，但事实上，他并没有这样的情绪，相反，他紧握双拳，脸部肌肉紧绷，很明显，这是一种愤怒的情绪，当然，他也有可能是恨凶手，但我想，面对一个还没有找出来的人，他不会有如此明显的情绪……一个男人恨自己死去的妻子到了这种地步，想必应该是出现了感情问题，你去查查女死者生前都和什么人接触过，也许会有新发现。"

夏小生当然听懂了上司的意思，于是，他展开了新的调查。果然，他发现女死者一个多月前就已经出轨，通过搜证，警察还在死者的地下室找到一把凶器，上面的指纹经过证实也是死者丈夫的，真相终于大白。

“是的，她是我杀的，我那么爱她，她要什么，我就给她买什么，每天一下班我就回家带孩子、做饭，这个贱女人，居然还不知足，出去找男人，那天半夜，她衣衫不整地回来，回来后还和那个男人通暧昧电话，我实在受不了了，就拿起厨房的水果刀捅在了她的肚子上……”

在这则案例中，我们不得不佩服夏小生上司的观察能力，在几个同样有嫌疑的人中，他很快就发现了女死者丈夫的一个异常小动作——紧握双拳。通常来说，这是一种愤怒的表现，并且，对方紧绷的面部神经也证实了他的判断。在排除其他可能存在的情况下，他得出结论：此人大概就是杀人凶手。

的确，人的情绪有很多种，很多情绪可以隐藏，但愤怒、憎恶却是不易被隐藏的。因此，如果一个人对你可以掩饰自己的愤怒情绪，那么，他势必会减少与你目光直接接触的机会。他的潜意识中，担心你一旦直视他的眼睛，内心的焦躁不安就会被你看穿。不自觉地握紧双拳也是即将发怒的象征。最后，你再看看他的下颚和脸颊骨是否紧紧地绷在了一起。假使他抿住双唇，脸颊两侧近下颚的肌肉不停地抽动收缩，那么他内心深处真的是怒火熊熊了。

相对而言，在愤怒时，男性更倾向于这一动作，如在与妻子吵架的过程中，大多数男性宁可保持缄默，也不愿意与女人发生正面冲突。如果你是妻子，想知道他为何发怒，不妨直视他的双眼。倘若你与他的目光相遇之后，他只瞪了你一眼便立即转移视线，那么你很有可能就是惹他发火的导火索。这时，你最好直接跟他讲："看得出来你很不高兴，出问题了吗？"这表示你愿意与他一起解决麻烦。如果他是因别的事而生气，不妨让他明白，你可以充当他倾诉的对象，再慢慢安抚他。而对于那些经常紧握双拳的人，多半是懊恼和悔恨之人，容易紧张，大多时候在人际关系上欠缺自信，经常需要调整自己才能够和别人保持良好的关系。这种人内心有很多怨恨，没办法解决，需要咨询专业心理人士获得帮助。

手掌动作传达出的信息

我们都知道，一个人的举手投足都可能是某种心理活动的显现，而对于手部而言，能产生动作的除了手指，还有手掌，这也是人们在做心理活动分析时常常忽略的。著名的语言学家皮斯夫妇发现，手心向上往往没有恶意，表示妥协、服从、接纳和邀请，好像在说“我是坦诚的”“我手里没有武器”；而翻转手掌，手心向下，则代表权威、地位、命令和抗拒。这就是手掌动作向我们传达出的信息。对此，我们先来看看下面一个心理故事：

小湖是一个长相一般的女孩，她出生在一个三口之家，做着一份普通的工作，但她却觉得十分幸福。因为她有一个十分疼爱自己的男朋友，叫林建。转眼间，他们恋爱已经三年了，也到了谈婚论嫁的年纪，林建决定将小湖带回家见见父母。

林建在向小湖说了这件事之后，小湖就紧张了，因为她听周围的很多姐妹说，未来婆婆在见儿媳妇时都会挑三拣四，甚至很排斥，如果林建的母亲反对，她和林建很有可能因此而面临分手。尽管林建一直安慰她，并称自己的妈妈很和善，也很开明，不会有什么反对意见，但小湖还是一直忧心忡忡。

后来有一天，小湖遇到了自己一个开心理诊所的同学，提到了自己的烦恼，这位朋友听完之后便给出意见：“其实，我觉得很简单，你要想知道他妈妈对你的意见，在会面时就能了解到，如果她真的如你男朋友所说的那样和善，她一般会有个动作——摊开手掌，反过来，她的手心就是向下的，了解了她的想法后，你再做下一步打算。”

小湖得到指点后，便有了底气。这天，她穿着得体、谈吐大方，林建母亲乐得连连点头，正如同学所说的，小湖注意到了一点，自打她进林建的家门，她就看到了老太太摊开的双手，果然，林建没有撒谎，她的母亲是个和善的人。

从这则故事中，我们可以看出，一个人在内心接纳另外一个人的时候，会有一个手部动作——掌心向上，这是要告诉对方：我欢迎你，喜欢你。在人际交往中，如果你看到这一动作，证明对方有与你交往的愿望，你可以与之侃侃而谈。

反过来，一个人在拒绝或命令他人时，手心往往都是向下的。我们都知道，纳粹元首希特勒有个著名的敬礼姿势，其手心就是朝下的，不难想象，希特勒在敬礼时如果掌心向上，谁还会把他放在眼里？

另外，细心的人可能会发现，一对情侣在牵手时，大部分情况是女孩子手心向上，男孩子手掌向下，这说明了男士的强势和女士的顺从。

在与人交谈中，一旦你摆出手心朝下的手势，你在对方眼中的权威就会立刻大增。假如你和对方的身份和地位平等，当你提要求时手心朝下，他可能会觉得你太霸道；假如你在推销或汇报工作，那么从对方的手心可以看出他对你是不是还心存戒心，从而知道自己是否应该少说点或者换个说话方式；但假如你是上司，手心朝下就会增加你的威严，让人觉得不怒自威。

具体来说，手掌部位还有哪些动作，又能传达出怎样的内心秘密呢？

1．掌心向上

掌心向上往往没有恶意，表示妥协、服从、接纳和邀请，好像在说“我手里没有武器”“我愿意接受你”“我是坦诚的”等。

2．掌心向下

代表权威、地位、命令和抗拒。我们拒绝或命令他人时，手心往往都是向下的。

3．十指交叉

在交谈过程中，如果对方下意识地将双手交叉扣在一起，表示对方对你表达的意见持相反态度，正准备着选择合适的时机反驳你。这时，你要准备应对对方的相反意见。

4．合掌伸指

合掌伸指是日常交往中表意最明显也最强烈的一个手势。它有指示、命令对方去做某事之意。因此，在日常交往中，一般不要对对方做出合掌伸指的手势，因为这会引起对方强烈的反感。

特别要注意的是，在马来西亚和菲律宾，这样的手势表示对别人的侮辱，一定要注意文化差异，不要触犯了民族情绪。

握手的类型与含义

我们都知道，人是这个世界上最具智慧的一种动物，人能了解许多事物，但却难以了解人本身。难以捉摸的是人的心理、人的需求、欲望和人的个体特征，但也并不是无所了解。

现在来回想一下，与人见面，我们做得最多的动作是什么？应该是握手吧！其实，握手这个简单的动作，也暗藏玄机。美国心理学家伊莲嘉兰曾对握手的含义进行了分类，认为：握手有8种类型，每种类型都代表着不同的含义，显示出不同的性格。

握手是社交活动和商务礼仪中不可或缺的一部分，虽然其中包含了很多礼仪规则，但是，人们还是喜欢按照自己的方式来进行这个“仪式”，从人们不同的握手方式中，可以看出一个人内心的一些想法。我们先来看看下面一个故事：

杨慧是一名刚毕业的大学生，娇生惯养的她选择去农村锻炼，尽管父母都不同意，但她还是踏上了去基层的车。

杨慧听学校的老师说，她要去的那个农村的村民都很热情。果然，还没下车，她就看到了村民和孩子们都在村口拉起了横幅迎接她，等她从车上下来，村主任就凑过来，用双手紧握住杨慧的手，接下来，村民们都挨个儿用同样的方式跟杨慧握手，杨慧都不知道该怎么回应了，就只好和他们拥抱，不到一会儿工夫，大家都熟稔了。杨慧心想，只有农村这样一片热土才能养出这样热情的人。

在这则故事中，迎接杨慧的村民都是热情十足的人，从他们握手的方式就能看出——每个人都是用双手握手。生活中，每一个人握手的方式多少都会有点不同，握手方式与性格也有着密切的联系，以下是8种握手方式：

1. 蜻蜓点水型

握手的时候力度非常轻，只是轻柔地接触握着。这一类型的人随和豁达，不是一个偏执的人，他们非常洒脱地游戏人间，非常谦和。

2. 摧筋裂骨式

在握手的时候会紧紧抓着对方的手掌，力度很大地挤握，对方会感觉很疼。这一类型的人精力充沛，自信心很强，是一个独断专行的人，但是在领导和组织方面才能出众，是个适合做领袖的人。

通常来说，那些喜欢使劲儿捏别人手的人，大多做起事来风风火火，也很少听从别人的意见，但是这种毫不压抑自己真实感受的做法释放了他们心中的压力。

3. 双手并用型

在和人握手的时候喜欢两只手一起握住对方。这一类型的人非常热忱温厚，心地很善良，会对朋友推心置腹，爱憎分明。

4. 规避握手型

这一类型的人会不愿意和别人握手，个性比较内向、胆怯。虽然保守，但是很真挚，不会轻易地付出感情，但是一旦有了情谊，这份情会比金坚，无论是对朋友还是对爱人。

5. 用指抓握型

在握手的时候，只用手指的部位握住对方的手掌心，不和对方有过多的接触。这一类人一般比较敏感，情绪很容易激动，但其实个性平和，心地善良，有同情心。

6. 持续作战型

如果对方握着你的手，很长时间都没有收回，即持续作战型。这表明他对你很感兴趣，想大胆直白地与你更深入地交流。但是，如果在谈判前，对方握着你的手不放，则可能是他在测验两个人之间的支配权，此时，如果你先收回手，说明你没有对方有耐力，交涉时胜算不太大。

7. 上下摇摆型

在握手的时候，紧紧握住对方并且会不断地上下摇动。这一类型的人是很乐观的人，他们对人生充满希望，积极热忱，经常会成为焦点人物或中心人物，受到他人的仰赖。

8. 沉稳专注型

握手的时候力度适中，动作很沉稳，而且双眼会看着对方，这一类人的个性都比较坦率，很有责任感，给人很可靠的感觉。他们心思缜密，会经常提出一些有建设性的意见，受到很多人的信赖。

总之，握手是对人友好的表现。但事实上，握手的方式不仅能影响双方下一步关系的发展成败，还能从握手中看出一个人的心理及性格特征。

怎样才能“握好手”

握手，是交际中的一个重要部分。通常，和人初次见面，熟人久别重逢，告辞或送行等都可以通过握手表示自己的善意。人们之间的很多情感都在握手间传递。握手的力量、姿势与时间的长短往往能够表达出握手对对方的不同礼遇与态度，显露自己的个性，给人留下不同的印象，也可通过握手了解对方的个性，从而赢得交际的主动。美国著名盲聋哑女作家海伦·凯勒说：“我接触的手有能拒人于千里之外的；也有些人的手充满阳光，感到很温暖。

那么，怎样才能“握好手”呢？为此，我们需要注意以下几点：

1．应当握手的场合

遇到较长时间没见面的熟人；

在比较正式的场合和认识的人道别；

在以本人作为东道主的社交场合，迎接或送别来访者时；

拜访他人后辞行时；

被介绍给不认识的人时；

在社交场合，偶然遇上亲朋故旧或上司时；

别人给予你一定的支持、鼓励或帮助时；

表示感谢、恭喜、祝贺时；

对别人表示理解、支持、肯定时；

得知别人患病、失恋、失业、降职或遭受其他挫折时；

向别人赠送礼品或颁发奖品时。

通常，上述所列举的情况都适合握手的场合。

2. 握手的要求

①先做自我介绍，再伸出手。通常是高职位的人或者女人、长者先伸手，表示愿意与对方握手。如果他们没有伸手，你应该等待。若是对方非常积极主动地先伸出手来，你一定要去回握，否则不但会让对方感到尴尬，也会显得你不懂礼仪。

②握手时，要与对方的目光接触，面带笑容。目光接触显示了你对别人的重视和兴趣，也表现了你的自信和坦然，同时，还可以观察对方的表情。

③握手时，距对方约一步远，上身稍向前倾，两足立正，伸出右手，四指并拢，虎口相交，拇指张开下滑，和受礼者握手。

掌心向下握住对方的手，显示出一个人强烈的支配欲，这无声地告诉别人，他此时处于高人一等的地位。应尽量避免这种傲慢无礼的握手方式。

相反，掌心向里握手则显示出一个人的谦卑和毕恭毕敬。平等而自然的握手姿态是两手的手掌都处于垂直状态。这是一种最普通也最稳妥的握手方式。

④如果需要和多人握手，握手时要讲究先后次序，由尊而卑，即先年长者后年幼者，先长辈再晚辈，先老师后学生，先女士后男士，先已婚者后未婚者，先上级后下级。

在公务场合，握手时伸手的先后次序主要取决于职位、身份。而在社交、休闲场合，则主要取决于年龄、性别、婚否。

⑤握手要有一定的力度，这表示了一个人拥有坚定、有力的性格和热切的态度。没有力度的手就是“死鱼”式的手。但也不要握得太紧，好像要把对方的骨头都捏碎一样，这样会显得你居心

不良。

⑥握手时间约为5秒，如果少于5秒会显得过于仓促，握得太久则会显得过于热情，尤其是男性握着女性的手，握得太久，容易引起对方的防范之心。

还需要记住的一点是，如果你的手容易出汗，千万要在握手前悄悄把手擦干。当然，你在握手时，不妨说一些问候的话，握紧对方的手，语气应直接而且肯定，并在强调重要字眼时，通过紧握着对方的手，来加强对方对你的印象。

了解八大握手禁忌

在交际应酬之中，相识者之间与不相识者之间往往都需要在适当的时刻向交往对象行礼，以表示自己对对方的尊重、友好、关心与敬意。握手是交往中最常见、最普通的礼节。然而，在这一个简单的动作中，却有着很大的学问，会不会握手，如何握手才显得大方，关系到我们人际关系的好坏。我们先来看看下面一个故事：

晴晴今年28岁，已经跨入了大龄剩女的行列。和所有处在这个尴尬年纪的人一样，在她的心里其实是渴望爱情的，但由于工作环境相对封闭，她实在缺少与异性交往的机会。于是，她只好接受家里或朋友安排的相亲，然而半年下来，却一无所获。

后来，晴晴在网上认识了青年阿东，阿东比晴晴大两岁，晴晴的大方、善解人意深深吸引了阿东，而晴晴也欣赏阿东的细腻、柔情。在网上交谈了一个多星期后，阿东提出与晴晴见面，晴晴也答应了。

会面的地点是一家优雅的咖啡厅。晴晴在出门前精心打扮了一番，一袭白色的连衣裙，将晴晴清新脱俗的气质完美地展现了出来。不过周五晚上，交通似乎很堵，晴晴赶到咖啡厅的时候，已经晚了大约十分钟，她为此有点紧张，生怕给对方留下不好的印象。不过，她在进门前还是深吸了一口气，看到帅气的阿东已经在四处张望寻找晴晴的影子了。于是，晴晴很大方地走过去，伸出右手，说了声“你好”，但令晴晴感到奇怪的是，对方在回答“你好”的同时，只是在手心搓了搓，并未与晴晴握手，这让晴晴感到很不舒服，于是她心想：“难道是介意我迟到十分钟吗？即便如此，也不能这么没礼貌吧？”

接下来，在整个过程中，尽管阿东在努力寻找话题，也无法让晴晴找到舒适的感觉，半个小时的谈话过程对晴晴来说实在是煎熬。当然，他们之间也就没有了下文。

半年后，晴晴通过相亲认识了一个不错的男孩，并成功结婚。一次上网时偶然想起了这个阿东，便和对方打了个招呼，然后聊了起来，提到当日的情形，阿东还是很疑惑：“我不知道自己是哪里做错了，说实话，我很喜欢你，但我觉得你对我应该没什么意思，就没纠缠你了。你说那时没和你握手，是因为我当时太紧张了，手心都是汗，我觉得这样的状态和一个女士握手，实在很尴尬，哎，没想到，就这样让你产生了误会……”

这是一个很令人惋惜的故事，故事中的男孩阿东因为拒绝和女孩晴晴握手而失去了心爱的姑娘，尽管这是一个误会，但却告诉我们，拒绝和别人握手是极其不礼貌的行为，会引起对方的不快甚至反感。

可见，在行握手礼时一定要做到合乎规范，以下是八点关于握手的禁忌，应努力巧妙地避免：

（1）不要用左手相握，尤其是和阿拉伯人、印度人打交道时要牢记，因为在他们看来左手是不洁的。

（2）在和基督教信徒交往时，要避免两人握手时与另外两人相握的手呈交叉状，因为这种形状类似于十字架，在他们眼里是很不吉利的。

（3）不要在握手时戴着手套或墨镜，只有女士可以在社交场合戴着薄纱、手套握手。

（4）握手时另外一只手不要插在衣袋里或拿着东西。

（5）握手时不要面无表情、不置一词或发表长篇大论、点头哈腰，过分客套。

（6）握手时不要仅仅握住对方的手指尖，好像有意与对方保持距离。正确的做法是握住整个手掌，即使对异性，也要这么做。

（7）握手时不要把对方的手拉过来、推过去，或者上下左右抖个不停。

（8）不要拒绝和别人握手，即使有手疾或汗湿、弄脏了，也要和对方说一声“对不起，我的手现在不方便”，以免造成不必要的误会。

八种令人反感的握手方式

我们都知道，人们在社交中行握手礼，是为了得到他人的认同和欢迎，但有些时候，却事与愿违，让对方产生了反感情绪，这是因为人们选择了错误的握手方式。心理学家建议，无论何时何地，都不要使用以下八种最不受欢迎的握手方式：

1．“死鱼式”握手

对曾与多数人握手的人来说，这也许是他们最不想遇到的握手方式了，尤其当他们握的是一双冰凉且黏糊糊的双手时，感觉会更糟。你可能会觉得，这真是个软弱无力的人，好像谁都能将他的手掌翻过来。在别人看来，他必定也是个缺乏责任心的人，连两人见面时的义务和责任甚至都有可能不愿意承担。

当然，不得不说的是，这种情况不能一概而论，因为地域差异，在一些亚洲和非洲地区，这种轻柔的握手方式反而是正确的，强硬者则是不被欢迎的。

不过，最让人感到惊讶的是，很多使用这种“死鱼式”握手法的人并没有意识到其负面影响。因此，当我们决定使用何种握手方式前，最好先询问一下身边的朋友对自己握手的方式有何意见。

2．摧残式握手

我们先来看看下面一个故事：

唐芬是一家大型婴幼儿用品生产公司的老总，手下有近千人，可以说是一名成功的现代女性，从她18岁开始创业到现在35岁的这

17年里，唐芬从未怕过谁。但最近，她遇到了一个恶毒又犀利的商业竞争对手，对方甚至连半点儿怜香惜玉之心都没有。

还记得那天，唐芬应邀参加一个商业晚会，会上，她被引见认识了一个姓龙的同行，握手时，唐芬感觉自已的手指都快被捏断了，这哪是在握手，分明是在谋杀。当然，尽管疼痛难忍，唐芬也没有叫出声来。回家后，唐芬心想，此人如此不近人情，应当提防，于是，以后在出现此人的场合，唐芬总是开玩笑地说："你的手力气太大，上次领教过了，我可不想自己的手残废，都熟稔了，握手什么的就免了吧。"

故事里，唐芬遇到的这个人就是在使用摧残式的握手方式。在所有握手方式中，最令人生畏的莫过于这种握手方式了。因为它不但会让你感受到强大的被侵略的力量，还有可能对你的身体造成伤害。

在一些场合，有些人在与他人握手时，为了占领先机、先发制人，会把全身的力量都集中在手部。在与这样的人握手时，你会觉得自己的指关节都快被捏碎了。而如果你右手戴了戒指的话，甚至会觉得一刹那手已经被划伤了。

最不幸的是，对于这种霸道得不近人情的握手方式，我们并没有很好的办法可以制止。假设你已经知晓对方是恶意为之，你可以让所有人注意到这一点，"天啊，你把我的手握得好疼啊。你的力气实在太大了。"如此一来，他就不得不有所顾虑，在握手时就会有所收敛了。

3. 点到为止式握手

这种握手方式多发生在异性见面问候时，一般来说，是因为一方没注意到另一方发出的握手邀请，而当其意识到想补救时，便在慌乱中点到为止地握了握手。

这样的人看似热情，其实内心缺乏自信，通常他不能肯定对方是否会回应自己的邀请。假如你遇到了类似的情况，你可以用左手拉过对方的右手，轻轻地放到自己的右手中，然后微笑着对他说："我们重新来一次，好吗？"最后再与对方以平等的方式握手。这样做，能让对方感受到你的热情和对他的尊重，他也会对你留下好印象。

4. 老虎钳式握手

有控制欲的男性通常喜欢这样的握手方式，但也有一些"纸老虎"他会通过此方法为自己造势。

5. 单刀直入式握手

这种单刀直入的握手方式体现出来的是使用者性格中好胜的一面，而这种方式最主要的目的就是与对方保持一定的距离，使其远离自己的私人空间。他们甚至还会将身体稍稍前倾，或是将重心转移至一只脚上，以此来使自己的私人空间不受侵犯。

6. 扳手式握手

善于弄权的人对这种扳手式的握手可谓是青睐有加，而这种握手方式的受害者则常常会因为对方用力过大而疼得热泪盈眶，更有甚者，还会因此而使韧带受伤。和他们握手时，握手双方中的一方会用力抓住对方伸出的手，与此同时忽而发力，将对方朝自己这边猛然一拉。结果，被拉的一方往往会因为身体失去平衡而乱了方寸。

7. 压泵式握手

这种握手方式带有浓厚的田园色彩，不难想象，其动作就好像是握住水泵的手柄，用力且有节奏地上下快速摇动。

其实，这样的握手动作并非完全不能接受。但其最大的问题是，他们似乎很钟爱这一握手方式，只要你不停止，他就会一直摇下去，好像真要从你的手中摇出点水来。

8．荷兰式握手

这种握手方法源自荷兰，从其本质来看，似乎多少与素食主义者有点关系。在荷兰，人们称这种握手方法为“胡萝卜串式握手”。说起来，这种握手方式与第一种死鱼式握手算是远亲，只不过力度显得更大，但摸起来感觉要干燥许多，没有那种湿乎乎的恶心感。

合掌伸指有典型的攻击意味

我们前面已经分析过，人的手掌可以做出四种动作，掌心向上、掌心向下、双手合十和合掌伸指。不同的动作代表不同的含义。在这四种动作中，合掌伸指是日常交往中表意最明显也最强烈的一个手势。一个人合掌伸指时，全部焦点凝聚在食指上，命令味道十足。这种手势所传达出来的含义是有攻击性、强迫性、甚至侮辱性的。在马来西亚，这一动作是极不礼貌的，因此，我们应极力避免。我们不妨先来看下面一个心理故事：

敏敏是一名外科医生，没事时她喜欢看一些心理学书籍，这几年，通过这些知识，她发现自己对周围的人和事看得更清楚了，不过这样也为她带来了烦恼。比如，她发现自己她的丈夫就是一个很强权、霸道的男人，尽管过去她已经有所察觉，但是每次她都忍过去了。

敏敏的丈夫是一家外企的高级主管，月薪上万，开着名车。他们相恋三个月就结了婚，如今有一年多时间了，在外人眼里，敏敏太幸福了，有这么一个优秀的老公。而事实上，敏敏明白，那些所谓的温柔浪漫、逢节日不变的鲜花和巧克力、定期的名牌礼物都是做给外人看的，她真正需要的是一个贴心的爱人，而不是一个随时发号施令的上级。

一回到家里，丈夫就希望敏敏什么都听自己的，稍有不顺心，他就会生闷气或者摔门出去。他希望敏敏不要去工作，就在家做全职太太，每天为他准备好丰盛的晚餐等他回来，每天为他放好洗澡水。敏敏有时候也会问自己，这样的生活不是很多女人要的吗？是不是真的应该满意了？至少不用担心经济物质问题，至少在外人看来是幸福的，至少有个长期饭票，有大把的空余时间可以拿来挥霍。但敏敏明白，这不是自己要的。这个男人并不是真的爱她，而只是为了满足他的控制欲。但敏敏还是决定给他最后一次机会。

这天晚上，敏敏下了晚班回来，看见丈夫坐在客厅的沙发上，一言不发，表情僵硬，敏敏就刻意讨好地问："亲爱的，晚上吃什么？"

"吃什么？这应该是我要问你的吧，一个家，每天冷锅冷灶的，算什么？"丈夫的言语里都是指责。

"我也要上班啊，每天忙得半死。"敏敏也抱怨。

"你那个破班，挣得了多少钱，早叫你不要上了，算了，算了，你还是去做饭吧。"丈夫说这话的时候，敏敏分明看到了他的手握成一个拳头，同时伸出一根手指。这是什么意思？这是在支使下人吗？敏敏明白这个动作背后的含义，这是一种侮辱，凭什么他可以这样侮辱自己？她再也忍受不住了。

于是，敏敏鼓起勇气，对丈夫说："陈一建，我们离婚吧，这是我第一次对你提要求。我是你的妻子，不是你的仆人，我受够了……"敏敏在说完这句话后，有了从未有过的轻松。尽管她的丈夫还想不通：那么温顺的一个女人，怎么会突然说出这样义正词严的话。

在这则故事里，让主人公敏敏下定决心离婚的，是她的丈夫一个带有侮辱性的动作——合掌伸指，这里，我们足以看见这个手势的负面含义。

要知道，任何人都渴望被尊重，这也是人际交往中人们最基本的权利，如果人的尊严被侵犯，人们是会有反感甚至对抗情绪的，而合掌伸指的全部焦点都凝聚在食指上，就是一个命令味道十足的动作，更有侮辱的意味，自然会让人们心生不快。因此，在日常交往中，我们尽量不要做出这个动作，以免引起对方的强烈反感。

3

Chapter 3

解密眼部微动作

眼神是无法掩饰的

在人类的所有感觉器官中，眼睛是最重要的器官之一。科学家经过研究证实，人类有80%的知识都是通过眼睛观察得到的。眼睛不仅可以让我们读书认字、看图赏画、欣赏美景、观察人物，还可以帮助我们辨别不同的色彩和光线，然后将这些视觉、形象转变成神经信号，传送给大脑，从而增强我们的记忆能力。

人们常说："眼睛是心灵的窗户"。灵魂储藏在你的心中，闪动在你的眼里。《孟子·离娄上》中有一段通过观察人的眼神来判断人心善恶的论述："存乎人者，莫良于眸子。眸子不能掩其恶。胸中正，则眸子瞭焉；胸中不正，则眸子眊（眼睛昏花）焉。听其言也，观其眸子，人焉廋（藏匿）哉！"眼神毫不掩饰地展现了一个人的学识、品性、情操、性格等。戏剧表演家、舞蹈演员、画家、文学家、诗人都着意研究人类的眼睛，认为它是灵魂的一面无情的镜子。

在交谈的过程中，眼睛是仅次于语言的重要工具。人与人之间除了需要语言的交流外，眼神的交流也是必不可少的。在人类的面部表情中，眼神是最为微妙复杂的，不管是用眼神表达信息，还是准确地理解别人的眼神所表达出来的信息，都非常困难。但很多时候，眼神是无法掩饰的，它往往更能真实地表达出一个人的品质、修养以及心理状态。如果能够充分地理解别人的眼神所表达的意思，就能够觉察到对方真实的内心世界，从而更好地与之交流。

杜红是刚毕业的一名大学生，有幸的是，她应聘上了一家大型公关公司的策划人职位，成为人们常羡慕的白领一族。

上班第一天，她带着谨慎来到公司，如她所料，办公室里果然是美女如云，站在人群中，杜红突然有了一种“丑小鸭”的感觉，正在这时，一个美女走过来，热情地冲杜红打招呼，杜红自然也是热情地回应，然后杜红也打量了一下这位同事，她颇有王熙凤的风范：一身很惹眼的名牌。而正当这位同事和自己说话时，她看到其他好几个同事都投来鄙夷的眼神，杜红立刻意识到这应该是一个不受欢迎并且爱表现的同事，然后她给自己敲了一个警钟：以后不要和这个同事深交，否则不仅在职业上没有上升的空间，还会得罪所有人。

上班的第一天，根据自己的观察，杜红把办公室里的同事以及领导都划归为几个类型。并用不同的方式与他们相处，果然，不到半年，她就在一片支持声中升职了。

现代社会的职场人士，除需要具备一定的职业能力外，还必须学会怎么和同事、上司相处，杜红的聪明之处，就是她在上班的第一天，通过同事们的眼神了解到了办公室的同事关系，给自己打了不同的预防针。

那么，不同的眼神有什么不同的含义呢？下面，让我们一起来学习一下。

1．眼神能反映一个人的自信程度

一般来说，自卑的人，其眼神往往躲躲闪闪，很难长久地注视别人，一旦发现别人在注视他，就会将视线突然移开；性格内向的人，无法将视线集中在对方身上，即使偶然看对方一眼，也是一闪而过，这种人往往不善交际；相反，那些自信的人，他们的眼神是笃定的、坚定不移的。

2．眼神能反映一个人的专心程度

三心二意的人，听别人讲话时会一边点头，一边左顾右盼，从来不把视线集中在谈话者身上，这说明听话的人对说话的人以及说话人所说的话题不感兴趣。凝神倾听的人，总是将视线集中在对方的眼部和面部，以表示对对方的尊重和理解；心不在焉的人，注意力则集中在自己正在做的事情上，非但不看着对方说话，而且反应冷淡。

3．眼神能反映一个人的情感

如果两个人彼此心存好感，那么说话的时候往往喜欢注视对方的眼睛，以达到眼神的沟通、心灵的交流；相反，如果两个人话不投机，就会尽量避免注视对方的目光，以消除不快。此外，漠视的眼神给人一种“拒人于千里之外”的感觉，还有一种轻蔑的意思在里面；眯视也是不太友好的表达，给人一种睥睨和傲视的感觉。

4．眼神能透露出对方的精神状态

一个健康、精力充沛的人的眼睛通常明亮有力，眼睛转动灵活机警，眼光清晰。

一个疲劳的人眼睛会显得目光呆滞、眼光混浊。

一个乐观的人眼睛通常充满笑容，善意十足。

一个消极的人往往眼睛下拉，不敢正视别人的目光。

眼球变化体现情绪波动

德国著名心理学家梅赛因也说过："眼睛是了解一个人的最好工具。"此言非虚。语言可以说谎，但眼睛却不会。很多时候，一个人的眼球变化更能体现其内心情绪的波动。因此，在与人交往中，那些细心、聪明的人往往会根据对方的眼球来判断对方话语的真假。如果一个人在说谎，他的眼球就会转来转去；如果一个人真心实意地对待你，他的眼球所发出的视线就会一直朝向你，表明他不是在说谎。因为如果一个人在说谎，他的内心会很慌张，大脑也会跟着紧张起来，会不停地在想要说些什么话你才相信，所以眼球也会一直乱动，深怕你发现他在骗你，逃避你的眼神，不敢正眼看着你，是因为骗你时心里内疚。如果是一些骗人高手，他就会跟着你的眼神走，你看哪，他就跟着你看哪，因为骗你的时候紧张，又怕你发现，所以干脆就跟着你的眼神走。

当一个人心里特别难受的时候，眼里会饱含泪水，但是又不想被人发现，所以眼球看起来会一闪一闪的。如果一个人很开心，眼睛里就会清澈明亮，并且眉开眼笑的。如果一个人很生气，眼里虽说看不到火焰，但是眼神会特别地吓人，而且会一直死盯着你看。如果一个人很恨你，就不只是会用眼神杀死你，更会恶语相加。如果一个人很单纯、善良、天真，他的眼球中就会一点杂质都没有，就是很清澈、很水汪汪的那种，而且看待任何人都是同一个眼神，不会变换，除非生气、开心，平常都是用同一种眼神看人，要是谁陷入危难，他的眼中便会闪过一丝不安和焦虑，一丝担心和关心。

那么，具体说来，我们该怎样根据对方的眼球来推断对方话语的真假呢？

第一种——说真话时的眼球：谈话时突然中断眼神交流，而往左下方看的时候，表示正在回忆，所说的话有可能是真的。

第二种——说假话时的眼神：谈话时突然中断眼神交流，而往右下方看，表示正在编造谎话。

第三种——对现状表示少许尴尬和回避时的眼神：谈话时，突然中断眼神交流，面带微笑地躲避对方的眼神，是一种窘境的表现，说明你触及了他内心的羞愧感。

当然，要看一个人说话的真假，不仅要学会看眼球，还要学会看行为举止以及说话时的语气和表情，要多方面地去观察。

眼睛是心灵之窗

在人的脸部，眼睛是最灵动和最敏感的，它是心灵的一扇窗户，眼神所传递出的信息往往是另一种动人心弦的真情。诚如人们所说的“会说话的眼睛”“眼睛是心灵之窗”，人在各种时候，不同的思绪动向都会反映在眼睛中。通常人心中所想的事物，眼睛会比嘴巴更快地说出来，而且几乎不会隐藏。正如文豪爱默生所说：“人的眼睛和舌头所说的话一样多，不需要字典，却能从眼睛的语言中了解整个世界。”因此，一个善于读心的人，必定也是个善于捕捉他人瞬息万变的眼神、洞察对方内心的人。

曾经有个叫詹姆士的建筑家，他想出了一种可以防止偷盗的方法，就是画一幅皱着眉头的眼睛抽象画，镶于大透明板上，然后悬挂在几家商店前。果不其然，那段时间，店铺的偷盗案件迅速减少，当有人问他原因时，他说：“我画的虽然并不是真正的眼睛，但对那些做贼心虚的人来说，却构成了威胁，极力想避开该视线，以免有被盯梢的感觉，因此，便不敢进商店内，即使走进商店里，也不敢行窃了。”

这就是眼神的力量，那些小偷看见的虽然是假的眼神，可还是有种心虚的感觉，心理作用让他不敢再偷盗。所以，要解读一个人的内心世界，从眼神入手最好不过了。

在与人交际的过程中，我们也可以选择观察别人的眼神来洞悉其内心世界，比如说，开心的眼睛里透露的是水亮有神，笑容灿烂；尊敬的眼睛表明他有点害怕，笑容勉强；爱慕的眼睛是眼神迷，笑得腼腆的；困扰的眼睛是深邃无神，若有所思，眉头紧锁的。

具体说来，我们可以从以下几个不同方面来看：

①如果和对方交谈时，对方的双眼突然明亮起来，表明他对你将要说的话题很感兴趣，也可能是你的话正中他的下怀。

②如果不管你说什么有趣的话题，对方的眼睛总是灰暗的，表明他可能正在遭受某种不幸或者遇到了什么不顺心的事。

③当对方瞳孔放大、炯炯望人、上睫毛极力往上抬时，表明他对你的话感到很惊恐。

④如果你能通过余光发现对方正在斜眼瞟你，表明他想偷偷地看你一眼又不愿被你发觉，如果对方是异性，可能传达的是害羞和腼腆的信息。

⑤眼睛上扬是假装无辜的表情。这种动作是在佐证自己确实无罪。

⑥眼睛往上吊，说明对方有某种不愿为别人所知道的秘密，喜欢有意识地夸大事实，因此，不敢正视对方。

⑦说话时喜欢眼睛下垂的人，一般比较任性，凡事只为自己着想，对于别人的事漠不关心，甚至对别人的观点常抱有轻蔑之意。

⑧挤眼睛是用一只眼睛向对方使眼色，表示两人间的某种默契，所传达的信息是："你和我此刻所拥有的秘密，任何其他人无从得知。"

⑨眼神游离。

这种眼神背后，一般都是在算计，在打小算盘，一个人如果常常会出现这样的眼神，那么，他多半是强于心计、城府较深的人。

这类眼神传达的信息可能有两种：一种是聪明而不行正道；另一种是深谋内藏、又怕别人窥探。前一种眼神多是品德欠高尚、行为欠端正的表现，后一种眼神则多是奸心内萌、深藏不露的表现。

另外，在说话时眼神闪烁不定者，一般表示其精神的不稳定。据一些法律资料显示，犯罪者在坦承罪状之前一般都会有这样的状态。这大抵是因心中藏有某事或有所愧疚所导致。

⑩眼神转向远处。

在谈话中，对方如果时时流露出这种眼神，多半是对方并不注意你所说的话，心中正在盘算其他的事。如是进行交易的对手，那么他必然在心中做着衡量、计算，思索着如何在这场交易中谋取最大利益的策略。如果是没有利害关系的交谈对象，而对方并不专注于你的谈话，那一定是有其他的事物盘踞在其心头。

上述这些以眼读人术可以使我们在与人交谈的过程中，迅速地了解对方内心所思所想，在开口说话的时候，就能说出对方喜欢的话。当然，这只是一些简单情况的概括，在遇到不同交际对象的时候，还应该运用具体的观察方法，做到有的放矢，这样，才能游刃有余地与人交往和应酬！

从人的视线中获得重要信息

我们都知道，人类是一种视觉动物，人获取信息的90%都是通过眼睛，同时，它也是传达信息的重要途径，除了语言、表情、动作外，从人的视线中也能获得很多非常重要的信息，可以从中分析对方的心理。

下面是心理学家对视线做出的几点分析：

（1）目光突然变得斜视，表明藐视、拒绝或者提起兴趣。

细心观察，你就会发现，在商业谈判中，彼此对立的双方都会有这种眼神。

还有个特殊的情况，就是一旦人们对某个人或某件事产生兴趣时，视线也会产生这样的变换。尤其是在初次见面的异性之间，经常能见到这种眼神，多出现在女方身上。也就是说，如果你是一名男士，在某个场合，有个不太熟悉的女孩子对你产生这样的视线变化，表明她对你有兴趣，遇到这样的情况，如果你也对她感兴趣，可以鼓足勇气找她谈话，给彼此一个结识的机会。

（2）视线突然转向远方，表明对方对你的谈话不关心或正在考虑别的事情。

如果和你交谈的是你的交易对方，那么，很有可能他在心里正盘算你说的话，盘算怎样才能使自己获得最大利益。如果他的视线转移以后变得凝视于一点，那么，假设你是卖方，他有可能认为你提供的产品是次品；而假设对方是买方，他很有可能无法支付货款，你最好不要将大量产品一次性出售给他。总之，当遇到这样的情况时，你就该问："你有什么烦恼的事情"，以从对方口中探知原因。如果对方慌张地说："不！没有什么事……"这时，你应当斩钉截铁地与他中断洽谈，可以对他说："以后再谈吧。"

第二种情况，如果和你交谈的是爱你的人，此时，假设对方是你的女友，她在与你谈话时总是将视线转到远处，这表明她在思考别的事，或许是对你们的未来没有信心，或许是她心里已有他人，但对你说不出口。出现这种情况，你不妨用试探性的语气问她："有什么麻烦吗？告诉我，我们共同解决。"

（3）对方做没有表情的眼神，表示心中有所不平或不满。

可能你会认为，没有表情的眼神应该是内心没有波动的情况下才有的，这种想法是错误的。人的思维产生变化时，会有不同的表现，有的闭起眼睛，有的则呆滞地望着远方，还有的则会做出毫无表情的眼神，一旦思维整理妥当或产生新的构思时，眼睛就会显得很有神，或出现有规律的眨眼现象。这也是接着将要说话的信号。所以，在交际中，面无表情并不是好现象。

举个例子，如果你和你的女朋友交谈时发生不快，女孩突然毫无表情地告诉你她要回家了，那么，她心中很有可能是对你不满。

再比如，如果你想邀请一位朋友，但他的性格有点懦弱，本来想拒绝你，但又不好开口，也会有这样的表情，遇到这样的情况，你一定要倍加关心地问："你有什么地方不舒服吗？"

（4）对方眼神发亮略带阴险时，表示对人不信任，处于戒备中。

初次见面，如果对方有这样的眼神，而你觉得自己并没有做错什么的话，很有可能是他曾经听到过一些关于你的负面消息，当然，这一消息很有可能是不实的，你要做的就是尽快澄清误会。

那些打扮太多、妖艳或奢侈的女性，走在大街上，也很容易招致这种眼神。

当然，除了以上介绍的四种情况外，我们还需要注意的是，一个人在感到内疚或做了对不起对方的事情后，总是试图回避对方的视线。所以，当一个人的眼神游离不定时，说明他可能在隐瞒什么事情。

不过，目不转睛不一定代表对方就是在说真话。因为如今多数人都知道避开视线有说谎的嫌疑，有些人为了不被人看穿，也练就了说谎时眼睛一动不动的技巧。

另外，行为学家亚宾·高曼通过研究认为：对异性瞄上一眼之后，闭上眼睛，即是一种"我相信你，不怕你"的体态语。所以，当看异性时，并不是把视线移开，而是闭上眼后，再翻眼望一望，如此反复，就是尊敬与信赖的表现。尤其是当女性这样看男性的时候，便可认为有交往的可能。

总之，透过人的视线，更能窥探出人的内心活动。人们在社会生活中，如果内心有什么欲望或情感，必然会表露于视线上。因此，如何透过视线的活动了解他人的心态，对人与人之间在交往中的心理沟通，具有重要的意义。

Chapter 4

肢体微动作揭秘

坐姿是察看心理活动的入口

在现实生活中，我们参与人际交往，很多时候都是面对面地坐着交谈，坐姿这一看似静态的活动，其实也是我们察看他人心理活动的入口。我们先来看下面一个故事：

我已经30岁了，周围的姐妹都纷纷结婚了，无奈，我不得不加入相亲的大潮中，我并不排斥这种结交异性的方式，也许真的能认识一个和自己很合适的人呢！在我的相亲经历中，有一位男士给我的印象很深刻，后来，我们成了很好的朋友。

那天，下着雨，我比预定的时间早到了20分钟，于是，我选了咖啡厅靠窗的位置坐了下来，我心想，既然都下雨了，那人应该不会来了吧。但事实上，他居然踩着点来了，并且，很有礼貌地跟我打了招呼。他给我的第一印象非常不错，这样一个彬彬有礼的男士相信谁也不会讨厌。但接下来，我就从他的身体语言中发现，他和我是同一类人。

他虽然块头不小，但在自我介绍完后，就蜷缩在沙发里，把双手夹在大腿中间，并且，无论我们聊什么，他好像都不大愿意更换自己的坐姿，我想那对于他来说应该是最舒服的。因为很明显，他是个自卑的人，而我想找个自信、能替我拿主意的人。后面的谈话证实了我的判断，除了刚开始见面时，他冲我微笑了一下外，后来他就一直呆若木鸡般地坐着。

为了使整个谈话的气氛不那么尴尬，我开始主动找话题，我发现，我们惊人地相似，我们都为自己瘦小的身材而感到自卑，都喜欢宅在家里，一到周末，宁愿自己在家做做点心、看看电视，也不愿意出去和朋友玩……

聊到最后，我们都发觉有点相见恨晚。

后来，我们再联系时，完全没有因为相亲失败而苦恼，相反，我们为交到一个好朋友而高兴。

古人云："物以类聚"，性格相似的人很容易成为朋友，很明显，故事中的女主人公和她的相亲对象的结交经历就证明了这一点。她很清楚自己需要一个什么样的伴侣，在通过观察相亲对象的肢体语言——蜷缩在沙发里、把双手夹在大腿中间判断出对方和自己的性格类似，她发现彼此更适合做朋友。

专家们经过研究和分析，认为通过一个人的坐姿，也可以了解其性格和心理。

经常正襟危坐、目不斜视者：是力求完美，办事周密而讲究实际的人。这种人只做有把握的事，从不冒险行事，往往缺乏创新与灵活性。

爱侧身坐在椅子上的人：他们心里感觉舒畅，觉得没有必要给他人留下什么好印象。这种人往往是感情外露、不拘小节者。

把身体尽力蜷缩在一起、双手夹在大腿中间而坐的人：往往自卑感较重，谦逊而缺乏自信，大多属于服从型性格。

敞开手脚而坐的人：可能具有主管一切的偏好，有指挥者的天赋或支配性的性格，也可能是性格外向，不知天高地厚，不拘小节的人。女性若采用这种坐姿，表明她们还缺乏性经验。

将一只脚别在另一只脚而坐的人：一般是害羞、忸怩、胆怯和缺乏自信心的女性。

踝部交叉而坐的人：当男人显示出这种姿态时，通常还会将握起的双拳放在膝盖上，或用双手紧紧抓住椅子的扶手；而当女性采用这种姿势时，通常在双脚相别的同时，双手会自然地放在膝盖上或将一只手压在另一只手上。大量研究表明，这是一种控制消极思维外流、控制感情、控制紧张情绪和恐惧心理、表示警惕或防范的姿势。

将椅子转过来、跨骑而坐的人：这是当人们面临语言威胁，对他人的讲话感到厌烦或想压下别人在谈话中的优势而做出的一种防护行为。有这种坐姿习惯的人，一般总想唯我独尊，称王称霸。

在他人面前猛然而坐的人：表面上是一种随随便便、不拘小节的样子，其实说明此人隐藏着不安，或有心事不愿告人，因此不自觉地用这个动作来掩饰自己的压抑心理。

坐在椅子上摇摆或抖动腿部或用脚尖拍打地板的人：说明其内心焦躁、不安、不耐烦，或是为了摆脱某种紧张感。

和你坐在一起而有意识挪动身体的人：说明他在心理上想要与你保持一定的距离。并排而坐的两个人要比对坐着的两个人，在心理上更有共同感。

喜欢对着坐比喜欢并排而坐的人：更希望自己能被对方所理解。斜躺在椅子上的人比坐在他旁边的人，更具有心理上的优越感，或者处于高于对方的地位。直挺着腰而坐的人，可能是表示对对方的恭顺之意，也可能是表示被对方的言谈激发起浓厚的兴趣，或者是欲向对方表示心理上的优势。

透过看电视习惯了解性格特点

生活中的每一个人，在看电视时所表现出来的习惯都不同。有的人一看电视，就精神百倍、聚精会神；有的人则是一边做家务，一边看电视，只是偶尔瞄一下电视；也有一些人一坐在电视机前就犯困，电视里的声音似乎就是催眠曲；还有一些人，看电视喜欢走马观花，似乎什么都懂，不停地换台。其实，这些常见的看电视的习惯都有可能发生在你我的身上，透过这些习惯我们可以看出一个人的性格特点。我们先来看下面的故事：

金先生和金太太已经结婚30年了。可以说，这30年来，金先生都是在金太太的唠叨中度过的，然而，金先生却觉得这是一种幸福，他认为，夫妻之间，拌拌嘴才是过日子。

这天，金太太照例和自己的几个女友约好出来逛街，几个女人聚到一起，难免会谈到自己的丈夫。一提到这点，金太太又开始唠叨起来了："我们家老金，我真是不知道说他什么好，你看，结婚这么多年，他好像把我当空气，周末，想让他陪我逛逛街，他从来都是摇头谢绝，即使我生气，他也不愿意。好吧，我不勉强他，但晚上，我让他陪我看看电视，他居然一窝在沙发上就睡着了，没办法，我又不能让他感冒了，就让他去床上睡觉。你们说，这样的老公要来干什么？一点意思都没有。"

"你就知足吧，其实，连你自己都没意识到，你家老公的性格很好，我家老公还经常跟我抢遥控器，一个劲儿地换台，很受不了，你自己想想，谁更好点儿？”一个姐妹对金太太说。

“是啊，其实，就一个简单的看电视的习惯，我们都能看出来各自老公的性格，金先生这样的人就属于随遇而安的，你们结婚30年，一直感情不错，其实也就是性格互补，你一天咋咋呼呼的，金先生这样的性格才适合你啊。”另外一个姐妹补充道。

“你们说的也是，我们家老金的确是大部分事都顺着我，不跟我顶嘴，这么看来，我还真捡到金子了啊……”

“那是当然……”

的确，生活中，人们的很多性格特点都能从他们的生活习惯中看出来，其中，就包括看电视，故事中的老金是个一看电视就睡觉的人，这样的人通常性格比较温和，很容易相处。

下面我们就根据几种常见的看电视的习惯来读懂他人：

1．聚精会神型

有这样一些人，喜欢在某个固定的时间，打开电视机，然后聚精会神地看电视，他们不会一边吃东西或者一边干家务，一边看电视。这样的人，做人做事就像看电视一样很认真，全身心地投入。另外，他们的情感比较细腻，有丰富的想象力，很容易与他人产生共鸣。

2．走马观花型

在我们的家人或者朋友中，肯定有这样一些人，他们总喜欢拿着遥控器，然后不停地换台，好像就是找不到喜欢的电视节目，常常使身边的人不能认真地看电视。这样的人耐心和忍受力都不是特别强，但独立性很强，不属于那种人云亦云的人，也不是那种一哄而起、一哄而散的人。他们在生活中很懂得节约，不会浪费时间、金钱、财力、物力等。

3. 忙里偷闲型

有的人看电视的习惯，与聚精会神型正好相反。他们不会为了专门看电视而坐在电视机前，而只把看电视当成一种附加活动，如在择菜、打毛衣、拖地时，他们会打开电视机，忙里偷闲地看看电视，不会把注意力都放到电视上。这样的人，很有灵活性，做人做事都不会因循守旧，懂得变通，能够较容易地适应各种各样的环境。有时候，在条件允许或是不允许的情况下，他们都很愿意尝试新鲜的事物，向自己、向外界进行挑战。

4. 睡觉型

有的人在看电视的时候，看着看着就睡着了，经常是躺在沙发上就睡着了，而电视还开着。除了是因为工作太劳累，人非常疲劳的情况外，这种类型的人的性格大都是随和而乐观的。他们往往能够笑着坦然面对生活和工作中遇到的挫折和困难，并积极地寻找各种方法，力争最后轻松地解决问题。

挑选座位暴露内心想法

日常生活中，我们会去很多公共场合，这就涉及座位的选择问题，你更喜欢第一排、第二排还是其他位置？这一看似不经意的举动，其实都会将我们内心的想法暴露无遗。

意大利非语言交流学家马克·帕克利对人们在车厢中的行为做了多年研究，他认为，人们上了没有乘客的公交车后，一般都不会选择第一排座位——这排位子通常到了车厢快满时才有人坐。心理咨询师认为，这种选择是由于人类特有的安全感造成的。当你选了第一排座位时，坐在背后的人会让你感到一种潜在的威胁，因为你看不见他们在你背后做什么。其实，不仅是坐公交车，很多场合下，人们都不愿意选第一排的座位。

我们不妨先来看下面的故事：

曾经有一家知名外企到某大学进行校园招聘活动。当时，全校一共有八百多人参加了他们的宣讲会，但是在大会结束时只能留下1/3的学生参与下一轮选拔。外企如何快速发现人才？原来，关键就在于大家对座位的选择。

首先，考官会看进场时的状态：谁坐在前面先被留下；最后三排的人没希望，不管他如何优秀；坐角落、两边的都不要。坐中间的要看听讲状态，如果认真并且眼神有互动就会被留下，积极回答问题的学生也可以考虑，这样就会留下1/3的同学。

这家知名外企选拔人才的方式其实是有一定的心理学基础的，

因为通过人们在某些特定环境中挑选的位置或者对座位的特殊偏好能够读出人们内心的想法。

其实，在社交场合，我们也可以根据人们挑选座位的方式来看出他们的性格，具体来说：

1．喜欢靠窗而坐的人个性平凡

窗边位置明亮，且能看见窗外的行人、车辆以及发生的事，通常来说，个性平凡的人喜欢挑选这样的位置。另外，这样能避开人多的洗手间附近，尽可能远离喧闹嘈杂的人群。

2．喜欢挑选中央位置的人表现欲强、以自我为中心

一般来说，这样的人不多见，他们有很强的表现欲。在人际交往中，他们的话题总是离不开自己，很少关心他人，很爱面子，在某些场合会主动买单，在工作中具有领导气质。

当然，他们最大的缺点就是很少顾及他人的感受。例如，在饭店吃饭时，服务员不小心上错了菜，他必定会马上与服务员争执，甚至会说出难听的话。总之，这种人并不是那么容易沟通和相处。

3．喜欢挑选角落位置的人喜欢安定

尽可能地选择角落位置的人，也是因为坐在角落里能对店内全景一览无余，这样，就能看清楚所有的人和事。

一般来说，这种人追求一种安稳的生活。由于习惯做一个旁观者，基本上缺乏决策的能力以及作为一个领导者应有的积极态度。因此，与其请他做一位领导者，还不如请他当顾问更加适合。

4．喜欢坐在入口处附近的人，个性急躁

这类人精力旺盛、对生活和工作都很积极、乐观，总是乐于助人，喜欢走来走去，好像永远也闲不下来。

5. 喜欢面向墙壁的人孤傲

偏好靠近墙壁附近的座位，而且喜欢面向着墙壁以背对着其他客人，显示出这类人不想和其他人有任何瓜葛的心态。背对着其他客人显得孤傲，他们热衷埋头于自己的世界，无视外界的存在。

6. 喜欢背靠墙壁的人普通

同样选择靠近墙壁的座位，但喜欢背对墙壁、面对店内客人而坐的人，应该算是很普通的类型。人们会将背部贴着墙壁，是一种十分平常的心理反应。因为背靠着墙壁，我们既不需要担心背后是否会有敌人偷袭，又可以眼观六路、耳听八方，注意周围的动静。

对一般人来说，由于背部没有长眼睛，很难注意到有什么事情发生，因此，将背靠着墙壁，是一种能令人安心的本能反应。

当然，以上只是针对一个人在某个场所时选择座位的情况分析，当众人一起进入某个场所时，人们选择座位的方式则应该另当别论：

进入场所后，环顾四周，然后对其他人说："坐那里吧！"这样的人很自信、很有气场，是会直接表达内心想法的人，但也可能因为独断而让他人生厌。

带领大家就座，却发现位子已经被其他人占了，于是，不得不重新寻找，有这样习惯的人判断力欠佳，且会做出错误判断，经常会出现小失败，不过这样反而凸显出其个人魅力——乐于配合他人，性格老实。

总是跟在大家后面等待被安排的人通常有依赖心理，他们自己不会主动去做一件事，只是配合其他人。

会立即问工作人员具体情况的人，虽然懂得变通，但他们会以现有结果为优先，而忽视其他一些更为重要的因素，如其他人的喜好与氛围等心理因素，也有不考虑别人意见与想法的一面。

脚语是一种情绪的节奏

正如人体的其他部位有表情达意的功能一样，脚也有属于自己的语言，即“脚语”。所谓脚语，是指在人坐立行走的过程中脚发出的声音、做出的动作、所指的方向等。人的性格不同，走路的风采就各异；人的心情不同，走路的姿势也不同。脚语是一种情绪的节奏，能够反映出一个人的脾气秉性、心理状态、情绪等。

经过长期研究，英国心理学家莫里斯得出了一个非常有趣的结论——“人体中，远离大脑的部位最可信”。根据这种说法，脚是人体中距离大脑最远的部位，因此，脚是最诚实的部位。虽然人的脚步经常因时因地而异，但是，每个人仍然有固定的脚语。因此，即使不用眼睛看，而只听或轻或重或急或缓的脚步声，也能判断出是否是自己熟悉的人。

除了脚步声，脚部还有很多动作，当你看不透一个人的内心时，不妨观察一下他在不经意间所做出的脚步动作，这样一来，往往能够洞察他真实的内心世界。

小娟在大学时谈了一个男朋友，两人感情很好，毕业后，小娟便和父母提了男朋友的情况，但父母觉得不太满意，因此，以“年龄尚小”为理由，让小娟与男朋友分手。周末的时候，父母让小娟别出去了，说在家包饺子吃。其实，父母是想阻止她出去约会。在父母的软硬兼施下，小娟不得不待在家里。上午10点，与男友约定的见面时间到了，小娟一边帮妈妈包饺子，一边抬头看钟表，急得就像热锅上的蚂蚁。半个小时过去了，她家的楼道里响起了脚步声，小娟听后，脸涨得通红，她知道那是男朋友没见到她急得跑到家里来找她了，但是他又不敢敲门进来，所以只好在楼道里徘徊。又坚持了10分钟，小娟实在忍不住了，哀求道："妈妈，让我出去一会儿吧，就一会儿。"妈妈看着女儿急成那样，非常心疼，但还是语重心长地说："小娟啊，妈妈不是不让你谈恋爱，但是你刚刚大学毕业，没有任何社会阅历，妈妈是怕你一时脑热，误了终身幸福啊！"见妈妈这么说，小娟不得不低下头继续包饺子。但是，过了一会儿，爸爸发现，原本背对户门坐着的小娟，现在却像拧麻花一样，上身仍然背对着门，下身却冲着门的方向转了四十五度角，尤其是脚，恨不得一下子迈出门去才好。而且，小娟的脚尖不时地在地上踮着，似乎内急。看到女儿这样，爸爸不忍心了，找了个借口说："闺女啊，咱家没醋了，这没醋吃饺子可不香，马上就要包完了，你赶紧以最快的速度去给爸爸买瓶醋回来吧！"听到这里，小娟极力掩饰住自己的兴奋之情，马上拿着钱去买醋了。

事后，小娟跟爸爸的感情变得特别深，觉得爸爸比妈妈理解自己，不管有什么心里话都和爸爸说。在爸爸的引导下，她和男朋友互相鼓励，最终在工作一年后双双考上了研究生，之后又一起出国去深造了。

看到这里，我们不禁会问，爸爸是怎么知道小娟的男朋友在门外的呢？又是怎么知道小娟在被妈妈拒绝之后并没有死心，仍然急不可耐地想出去和男朋友见一面呢？其实，小娟的确听出了男朋友固有的脚步声，但是，小娟的爸爸根本听不出来小娟男朋友的脚步声，他是通过观察小娟的脚部动作知道的。小娟上身背对着门，下身却朝着门扭成了四十五度角，而且，她的脚尖恨不得一步迈出门去。由此，爸爸知道小娟并没有推掉约会，而且约会的对象很有可能就在门外等着呢！把握住了女儿的心思，小娟的爸爸恰到好处地让女儿出去买东西，这样一来，不仅避免了妈妈的反对，还使女儿有机会出去和男朋友匆忙一见！如此善解人意的爸爸，女儿怎么会不喜欢呢？

很多时候，脚部动作往往被人们所忽略，其实，脚部动作比其他肢体语言更真实、更准确。不管是在工作中还是生活中，我们都可以通过观察别人的脚步动作来了解其内心世界，进而更好地与人相处。

通过站姿看出性格特征和内心情感

在日常生活中，我们常听长辈们说：“站有站相、坐有坐相”，这是告诫我们要行为端庄、知晓礼仪，事实上，从这些简单的动作中我们也能察看出一个人的心理活动。心理专家经过研究后认为：不同的站姿往往能反映出一个人的性格特点。不同的生活习惯、起居饮食、言谈举止、厌恶爱好以及意识倾向会决定一个人的站立姿势，也就是说，我们可以通过一个人的站姿看出这个人的性格特征和内心的真实情感。站立这种简单的动作也是百人百样，但只要细心观察周围的人，就可以从他们站立的姿势中探知其心理活动。我们先来看下面一个故事：

老刘现在已经40岁了，他是个典型的“无所谓”先生，从年轻的时候开始，他就是好像什么都无所谓的样子。

通常，在公共场合，人们看到的他都是这样一个姿势：两脚并拢或自然站立，双手交叉背在身后。

和朋友出去吃饭，朋友问他要吃什么，他说：“随便啦，怎么样都行。”

后来，到了结婚的年纪，家里父母开始着急了，问他的个人问题，他的回答是：“随缘吧。”再后来，经过亲戚介绍，他认识了现在的妻子，家人问他对女孩的印象，他回答：“你说呢？”总之，从他嘴里，永远得不到一个明确的答案。

儿子开始上小学后，变得调皮、不爱学习，妻子为教育孩子的事头疼得不得了，他反倒安慰妻子：“让他去吧，儿孙自有儿孙福。”妻子气不打一处来，他却一笑了之。

单位新来的小伙子在工作上很认真，经常是大家下班后他还在工作，老刘看到后，对他说：“年轻人，没必要那么认真吧。”一句话让小伙子丈二和尚摸不着头脑……

可以说，故事中的老刘就是个典型的“无所谓”先生，这一点，从他日常生活中的站姿已经可以看出来。可以说，经常有这样站姿的人一般都与人相处得比较融洽，很大的原因可能是由于他们很少对别人说“不”。他们的快乐来源于对生活的满足，而同时，不愿与人争斗的个性既带给他们美好的心情，也带给他们愤怒，因为生活并不总是遂人愿，一味地逃避争斗有时候只会使事情更糟糕。

那么，具体来说，我们该如何从一个人的站姿中窥探其内心的秘密呢？

1．含胸、背部微驼

很多女孩子在青春期发育时对身体的变化没有树立起健康积极的认识，容易有这种站相。这样的人往往缺乏自信，若是女孩子，则是很单纯的类型，需要加强保护或积极引导。

2．挺胸收腹、双目平视

这种人往往有充分的自信，要么就是十分注意个人形象，或此时心情十分乐观、愉快。

3．两手叉腰而立

这是具有自信心和心理上优势的表示。如果加上双脚分开比肩宽，整个躯体显得膨胀，往往存在潜在的进攻性。若再加上脚尖拍打地面的动作，则暗示着领导力和权威。

4．单腿直立，另一腿或弯曲或交叉或斜置于一侧

这是表达一种保留态度或轻微拒绝的意思，也可能是感到拘束和缺乏信心的表示。

5．将双手插入口袋

这是不表露心思、暗中策划的表现；若同时弯腰弓背，可能说明事业或生活中出现了不顺心的事。

6．喜欢倚靠站立，不是靠墙，就是靠着人

这类人好的方面是比较坦白，容易接纳别人。不好的方面就是缺乏独立性，总喜欢走捷径。

7．遮羞式站立

手有意无意地遮住裆部，一般是男性采取的动作。遮住要害部位，是一个防御性动作，说明其心里忐忑不安，准备遭受批评和不赞同。

8．双脚呈内八字状

多为女性的站姿，有软化态度的意味。许多女性在担心自己的支配欲和好胜心太强时，往往采取这种站姿。

9．双脚并拢，双手交叉站立

并拢的双脚表示谨小慎微、追求完美。这种人看起来缺乏进取心，但往往韧性很强，是属于平静而顽强的人。

10．背手站立

背手暗含“不想把手弄脏，所以把它搁置一边”的意思，这类人通常是自信力很强的人，喜欢控制和把握局势，或自恃是居高临下的强者。但是，如果一只手从后面抓住另一只手的手臂，则可能是在压抑自己的愤怒或其他负面情绪。在服务行业中，这种站姿又可能是想表明“我没有行动，没有威胁”的意思。

当然，这只是一些简单的介绍，仅供参考，其实，如果自己仔细观察的话，是可以从一些他人行为的蛛丝马迹中发现一些规律的。

双腿交叉是排斥的意思

现实生活中，人们已经习惯于从头部、脸部和手部等这些容易看得见的部位来判断交谈对方的心理活动，察看对方对自己是赞同还是反对，相反，对那些我们视线之外的部位，我们常常会忽视，如双腿和双脚。可能你也会发现，与人面对面坐着交谈时，对方可能偶尔会摆出双腿交叉的动作，这是习惯性坐姿还是对方产生了心理变化？我们不妨先来看下面一个故事：

小张大学毕业后，来到一家外企面试，面试他的人事部经理说话很客气，半个小时后，面试结束了，他握着小张的手，对小张说："请回吧，我们研究一下，会告诉你消息的，再见。"

小张当时心里很没底，他知道自己该去另外一家公司面试了，不能耗在这件事上，因为他已经看出了这次面试的结果：在谈话时，经理虽然面带微笑，但是他的双腿却由刚开始的双腿平直变成交叉，并开始双手抱胸，小张明白，这种体态就是表示：无论你怎么吹嘘，我都不会相信你说的。对你讲的我也不感兴趣，你不是我们所需要的人。

小张因为懂得身体语言，看穿了经理的心思，从而看出了自己的面试结果，没有浪费自己过多的时间。

从小张的故事中，我们也可以看出一点：很多时候，人们双腿交叉而坐并非是习惯使然，很有可能是排斥对方的表现。

假如我们在一家餐厅看到这样一个场景：一对相亲的男女正

在聊天，男士正在侃侃而谈，情绪热烈，女士也频频微笑点头，乍一看，你会以为这是一次成功的会面，他们之间也必定会有下文，但只要你稍作留心，就会发现，女士的坐姿：双腿交叉，身体略微稍后倾，而脚尖正指向最近的一个出口。由这个姿势我们就可以明白，女士对这场谈话没有兴趣，内心深处有离开的打算。

在与人面对面交谈时，如果你发现对方的双腿和双臂同时处于交叉状态，你就可以判断出，他的注意力已经不在你们的谈话上了，甚至他的心思已经飞向远处。为了不让你感到尴尬，对你说话的内容，他会给出敷衍式的回答，如“是”或者“不是”等词语。这时要想让对方对你的观点表示真正认同是非常困难的。

再比如，你出席一个晚宴，发现在大厅的角落里，站着一个人，他双腿交叉，同时，他还抱着双臂，这说明此人思想非常保守，对人的戒备心很强。这时，跟对方很顺利地展开话题是非常困难的，你必须从消除对方的戒备心开始入手，而且要做好打持久战的准备。

另外，相对于女性来说，男性更喜欢双腿交叉这个坐姿，甚至有一些人，他们并非是一条腿轻松地搭在另一条腿上，而是更习惯将一只脚踝放在另一条腿的膝盖上，两条腿呈“4”字状。这种坐姿代表了对方争辩或者争取获胜的态度。因为这个坐姿可以凸显男性的生殖器，因此，被看成一种示威姿态，猴子在和黑猩猩产生斗争心理时，也会用这种坐姿来展现自己的生殖器，以传达自己的“威力”。

女士比男士更在意自己的形象，这样的坐姿并不雅，另外，跷二郎腿并不符合礼仪规范，所以做出这个姿势的大多是男士。男士在摆出这个姿势时，不仅能体现自己的自信和支配地位，同时也会显得放松和年轻。

但要注意的是，在和长辈或者领导交谈时，千万不要摆出这种姿势，因为这会让领导感到你对他的不敬。

如果一个人在做出“4”字腿坐姿的同时，还用一只手抓住抬起的那条腿，那就表示这个人非常有主见，甚至可以说是有主见得过了头，到了固执的地步。对这些人，不要轻易尝试去说服他们，因为你的努力往往是白费的。

当然，女士双腿交叉，除心理活动外，还有可能是其他原因，如女士经常穿短裙。双腿交叉是她们下意识地保护自己的举动。女士的这种爱好是由于穿短裙养成的习惯，我们可以称其为“短裙综合征”。交叉双腿的动作让女士看起来比较拘谨，这或多或少会让交往对象觉得无所适从，因此，一定程度上可以认为，穿短裙让女人看起来更难以接近。对女性来说，最有气质的姿势是将两条腿以随意的方式交叉，然后将两腿斜向一边，两腿保持平行，女士要想保持优雅的仪态，应当学会做这个姿势。

抖腿是紧张的表现

生活中，可能一些人会有抖腿的坏毛病，无时无刻都会不自觉地抖起腿来，这是为什么呢？其实，从心理学的角度来看，这是紧张的表现。民间有个说法："男抖穷，女抖贱"，虽然专家表示这是无稽之谈，但也从侧面反映出抖腿在每个人身上是一件再正常不过的事情。的确，正常人抖腿没有任何临床意义，是一种自我放松，毫无意识的行为。曾有心理学专家称，在人际交往中，真实信息的反映往往是通过非语言传递的，而肢体动作就是其中的一部分。通常来说，与他人互动可以有三种表现状态，即融洽、对立和回避。抖腿则可以简单地归类到回避反应中。回避状态多源于内心焦虑、没有安全感，非生理疾病性质的抖腿也是如此。例如，一个人在向许多人汇报工作时，常会不自觉地腿发抖，这多半就是心里没底，紧张、焦虑所致。从这个角度来说，抖腿有时候还表明了一个人的不自信。我们先来看下面一个故事：

对所有情侣来说，恋爱谈到一定阶段就要谈婚论嫁，就免不了要见家长，小杨与小米恋爱有半年多了，小杨决定正式见见小米的父母。于是，为了体现自己的诚意，小杨去酒店订了一桌酒席。

这天，小杨很快到了酒店，他紧张不安地等待着小米父母的到来。终于，这一家人姗姗而来了。

一番介绍后，小杨便对小米的父母说："叔叔阿姨，我听小米说你们有一些忌口，就点了一些你们爱吃的菜，希望你们别嫌弃。”小杨很紧张地说完了这句话后，留意了一下小米母亲的表情，虽然对他笑了笑，但很明显，好像并不满意。

接下来的一顿饭，虽然小米尽力从中斡旋，但小米的母亲似乎都不大高兴，她和小杨都觉得莫名其妙。

饭后，小杨给已经和父母一起离开的小米发了条短信：“你帮我问问，我哪里做得不好？”

“放心，收到，包在我身上。”

回到家后，小米的母亲把包重重地摔在沙发上，不高兴地说：“还说什么研究生毕业，这么没教养？”

“老伴儿，咋了，刚才吃饭的时候我就看到你脸色不对了，那孩子挺好的啊，怎么就没教养了？”

“你老花眼了吧，他一直在那儿抖腿你没看见？我看，他要是动作再大点，整个桌子都要被他掀了。”

“哎，我看你是误会了，这是紧张焦虑引起的表现，你以为他不想给我们一个好印象？但越是想表现自己，就越是紧张。”

这时候，小米也解释道：“是啊，他平时没有抖腿的毛病的，即便是和那些大客户交谈，他也能镇定自若，看来，您真是冤枉他了。”

生活中，我们恐怕也会遇到这样的情况，他人与我们交谈时会不自觉地抖腿，我们可能也会指责对方不尊重人，对这样的情况，长辈们可能还会说“什么臭毛病！”然而，这样的指责，有时候还真受得有点儿冤。就如同故事中的小杨一样，他就是因为不自觉地抖腿被小米母亲认为是没有教养的表现，不过庆幸的是，最后，小米的父亲为他进行了一番解释。

因此，可以说，抖腿是正常现象，不过经观察发现，人在全神贯注做事情的时候，一般不会抖腿，通常都是比较无聊的时候才会抖腿，这是一种不自觉的表现。有些人平时抖习惯了，不抖还不舒服。

此外，也有专家从生理学角度，对抖腿动作进行了类比分析。从生理学上来讲，久坐或久站不动，都会让腿感到不舒服，血流不畅，所以在自觉不舒服的情况下，人会在无意识中活动起来，以促进血液流通，缓解不适。而在心理方面也有类似的意思：当心理较长时间处于紧张、焦虑的状态时，人就会不自觉地做出缓解反应。

当然，抖腿也与个人习惯有关。一般最早时只是偶然反应，久而久之即形成自然反应，最后变成条件反射。因此，要想有所改变，除了自我调适焦虑心态，还应有意识地进行强化改变，就像强迫自己改掉坏习惯一样。

总之，从心理学上来讲，抖动单腿或双腿是一种放松的表现，是下意识的放松。当然，人在轻微紧张的时候也有可能会抖腿。但如果是不能控制的抖腿，就要去看看神经科医生了。

喜欢用脚尖拍打地面的人具有自恋倾向

生活中，任何一个交际高手都有一项本领——察言观色，他们不仅能看出与之交往的人的性格，还能看穿对方的脾气、情绪，从而做到有的放矢地与之交谈。

中国人常说站如松，这是提醒我们在站立的时候要做到：嘴微闭，两眼平视前方；收腰挺胸，脚挺直，两臂自然下垂；两膝相并，脚跟靠拢，脚尖张开约60°，从整体上产生一种精神饱满的感觉，切忌头下垂或上仰，弓背弯腰。

然而，我们不难发现，现实生活中的人们在站立时似乎都有这样、那样的小动作，其中就包括脚尖不断拍打地面，这是习惯使然吗？对此，我们不妨先来看看下面的故事：

王晓是学市场营销的，毕业之后，他在一家化妆品卖场担任男士化妆品的推销员。因为他很会察言观色，所以推销业绩非常好。

这个周末，卖场来了很多消费者，当然，其中也不乏男士。尽管人很多，但忙碌的王晓还是在人群中发现了一个特殊的男客户：三十多岁，一身简单又名贵的穿着。来到卖场后，他一句话不说，只是不停地看化妆品。

面对这样的客户，几个推销员在得到“爱答不理”的回应后，就不再招呼他了。但王晓却发现这个客户有个特殊的动作——他突然站在某化妆品前，一边看，一边不停地用脚尖拍打着地面。而且在那里站了好长时间。

王晓知道这种人是典型的完美主义者，非常自恋。所以也不大会处理人际关系，于是，他站在不远处，等这个男人抬头寻求帮助的时候，他才过去帮忙介绍产品的功能和价格。很快，这个客户购买了商品匆匆离开了。

在这则销售案例中，在其他推销员无计可施的情况下，推销员王晓并没有贸然推销，而是先观察客户，从客户的肢体语言——用脚尖拍打地面判断客户是个完美主义者并自恋，从而在客户需要帮助的时候才过去帮忙介绍产品的功能和价格，顺利地把产品推销了出去。

从这个故事中，我们可以得出结论：一个人在站立时如果有拍打地面的习惯，那么，他可能是个自我意识较强的完美主义者，他们相信自己的选择和判断，很难听进去别人的意见。

例如，工作中，如果上司告诉他做错了，他是不会接受的，接下来，他会说，老板，这件事情应该是这样的。于是，老板再次证明他是错的。过了10分钟，他又来找老板了。老板再一次证明是他不对。下班后他又打电话追来了：今天在单位做的事情是这样的。老板第三次证明他是错的。第二天一早，他又来找老板了：昨天的那件事是这样的。

这类人，对自己有高标准的要求，一旦确定了某个正确的目标，或者感受到来自领导的期望，就会通过忘我地工作来让对方满意，而不是和某些人一样只是为了薪金或者权力而工作。

在各行各业，他们都是敬业的、精益求精的，也希望能够教导他人去追求最好。他们相信人们在获得正确的信息后，会改变生活状态。

如果你不认同他，他的内心就会有负罪感，认为是自己做得不好，也可能会批评你周围的人。

因此，与这样的人打交道，我们最好不要试图去改变他的想法，而应该让他们自己去做决定和判断。

例如，你和你的朋友一起购物，你看他焦虑不安的样子，想给他点意见，但是他却有用脚尖拍打地面的动作，那么，这可能是他想给自己一点时间来思考，此时，你可以做的就是安静地陪在他的身边，一言不发，当他找到答案以后，他会感激你的善解人意，也会把你当成最知心的朋友。

的确，一个小小的脚步动作就能彰显出一个人的性格、品质及至流露的内心情绪，因此，善于察言观色是我们破解他人心理密码的关键所在。

5

Chapter 5

解密言谈举止微动作

通过笑容了解内心状态

我们都知道，与人初次见面，一个亲切的微笑就能拉近彼此的距离，消除双方的拘束感；与朋友见面打个招呼，点头微笑，会让朋友之间显得和谐、融洽；长辈对晚辈微笑，可以使晚辈消除紧张，敬畏就会被信任和亲切所代替；上级对下级微笑，会让下级感到上级平易近人；服务人员面带微笑，顾客就有宾至如归之感。可见，笑的作用是多么大。

日本有一位著名的造型家，他出版了一本书，书中一个跨页收集了几十位女性的头像，这些女性中有年老的、年轻的，有人们认为很美的，也有很丑的，但是看她们每一个人时，你的心情都是愉悦的、恬静的。不为别的，就因为她们给了你灿烂的笑容。

的确，微笑是社交场合的通行证，是表达感情的最好方式。然而，笑和一个人的性格却有着一些必然的联系。但是我们可以通过他人的笑容来了解其内心状态。下面几条能帮助我们对他人的笑容有个初步的了解。

分辨愉快的笑与虚假的笑，单单是“笑脸”，就有微笑、苦笑、嘲笑等好几十种。“笑”本来是为了缓和紧张感而生的，然而像嘲笑或怜悯的笑之类，反而是在不愉快的场合中出现的“笑”。根据不同的笑脸，我们可以了解对方微妙的心理情况：

嘴角上扬的人：自信心很强、气场很足；

半边嘴角上扬的人：自信心不饱满，对一切都感到很空虚；

笑起来像女人一样的男人：平时很认真，但行为无法预测，时有惊喜的表现。

只用鼻息发出笑声的人：做任何事情都很努力，多数人都比较吝啬。

用鼻子笑的人：有蔑视他人的倾向。

发出哧哧笑声的人：平常应该是温顺的人，是谨慎保守的老好人，会在别人背后默默帮忙。假如故意这么笑，就有嘲笑的因素在里头。

笑声爽朗的人：性格开朗，从心里感到放松，豪迈的笑与高声笑的人也是这种状况。只不过，在不太自然的情况下大笑，会令人感觉有别的意图，如故意显示自己很了不起，让人觉得自己很豪爽。有的人外表看起来豪爽，内心却有强烈的自卑感与不安，便想以大笑来隐藏，属于个性扭曲、不想让人看见真心的类型。

抿着嘴笑的人：让人感觉到他的优越感。这种笑，有时会让人觉得不舒服。这种人可能容易轻视他人，而且丝毫不加掩饰，不谙人心理的微妙之处，是独善其身的人。即使发生失误，也会假装“不关我的事”，一副若无其事的样子，会绝不在乎地推托、抵赖。

一点儿也不稀奇的是，有些人经常笑。这种恭维的假笑，是一种阿谀奉承别人的举动。带有“我会服从你”意味的笑脸，表示心怀不安或是有担心的事，有“请帮助我”“请关心我”的动机。此外，还有“想和你成为好友”的亲和欲求。

是不是从内心发出的笑，只要留意眼睛和全身即可得知。不自然的笑或有目的的笑，通常是嘴角堆着笑，但眼睛却没有笑意。此外，身上也没有很兴奋的反应。

这些笑容的小秘密被透露出来，并不是说我们要控制自己的笑容，相反，是要告诉我们在对他人微笑时，一定要发自内心。并且，如果你是个不爱笑的人，一定要加以训练。心理学家告诉我们，外部的体验越深刻，内心的感受就越丰富。也就是说，有了外部的“笑容”，也就有了内心的“欣喜”。每天晚上对镜中的“你”笑上几分钟，然后含笑而眠；早上起来，心中默念“嘴角翘，笑笑笑”，你会发现因为有了笑容，所以有了好心情。

打招呼方式透露人的性格

在人际交往中，人们初次见面或者遇到熟人时，都会采取一种表示友好的方式——打招呼，可以说，打招呼是一种最简便、最直接的礼节，可能我们每天都需要这样做，因此，打招呼的方式也能透露出一个人的性格。我们不妨先来看下面这个故事：

老王是某事业单位的职工，和周围邻居、同事的关系都很好，很少得罪人。最近，单位从外地新调来了一个领导，被安排住在老王所在的小区。周末的早上，老王准备和妻子去买菜，在小区门口，领导看见了老王，便跟老王打招呼："老王，你好啊。""您好，李处长。"

当时，老王的妻子也向这名领导点了点头。

后来，老王发现，李处长每次看见他，都会以这样的方式和他打招呼，多年的识人经验告诉老王，这个李处长是个藏得很深的人。

有一次，老王听说李处长过生日，便送给他一幅画。第二天早上，李处长看见老王，还是那样打招呼："老王，你好啊。"老王心里纳闷，难道他不喜欢自己送的礼物？谁知道，老王一到办公室打开邮件，就发现了李处长给自己的留言："老王，谢谢你，我很喜欢你的礼物……"

故事中的李处长是个典型的官，在人际交往中表现得小心翼翼，才不会给人留下口舌，会很注意自己的形象。因此，即便下属送了自己一件很喜欢的礼物，他们也会选择暗地里感谢，这样的性格，其实从他几次和老王打招呼的方式中就已经显现出来了。

的确，一次小小的打招呼，也能让我们找到了解他人心性的突破口，不同的人打招呼的方式大有不同，具体来说：

1．打招呼时双方的空间距离，直接显示出双方的心理距离

不难想象，死党、闺密在见面时打招呼会立即走过去，然后给对方一个大大的拥抱或者直呼对方的小名、昵称等，这会让我们感到很亲密。而如果某个人在跟你打招呼的时候下意识地后退了几步，可能在他看来这是礼貌的表现，但你肯定会觉得他是有意识地抗拒你，是有所顾忌的表现。

2．初次见面就很随便打招呼的人，是想形成对自己有利的势态

初次见面就很随和地打招呼的人，往往会使人大吃一惊。有人常常认为这样的人很轻浮，其实这种人往往很寂寞，非常希望与别人亲近。去酒吧或俱乐部时，坐在自己旁边的女士，虽然彼此是初次见面，却很亲热地与自己交谈，事实上是那位女士想现场的状况变得有利于自己。

心理专家提醒，当遇到“自来熟”的男性时，女性要特别小心，切勿使男性有机可乘。这种男性的性格浪漫大方，是个滥情家，性情懦弱，迷恋女性，且其中不乏游手好闲之人。

3．边注视边点头打招呼的人，怀有戒心

打招呼时伴有注视对方眼睛这一动作的人，可能是对对方怀有戒心，还有一种可能，就是希望自己处于优势地位。而凝视对方的眼睛，就有可能是借此方式来探测他人的心理。

4．打招呼时不敢看着他人眼睛，多半是自卑所致

你可能会误解：你很真诚地看着对方的眼睛打招呼，对方却没有回应你，而是避开你的眼神，你会认为他们是瞧不起人，但实际上并非如此，他们可能是因为自卑或者胆小，因此，你需要整理自己的心情，不需要为此生气。

5．虽然经常见面，但还是千篇一律地打招呼，大多是自我防卫、表里不一的人

故事中的李处长就是这样的人，虽然与某个人的见面次数很多，经常一起吃饭、喝酒，但他们见面时还是会千篇一律地打招呼。这种人具有自我防卫的性格。

6．打“招呼常用语”揭示人的性格

“招呼常用语”是指刚刚和某人结识或与熟人相遇时经常使用的打招呼的话语，心理专家曾有研究表明，从一个人的打招呼用语，可以了解到这个人身上的很多性格特点。这些打“招呼常用语”有：

“喂！”——他们开朗大方、活泼好动、思维敏捷、富于幽默感；

“你好！”——这类人性格稳定、保守、工作认真、负责、深得朋友信任，能很好地控制自己的情感，不容易情绪化；

“看到你真高兴。”——此类人大多性格开朗，待人热情、谦逊，对很多事物都很感兴趣，但容易感情用事；

“最近怎么样？”——这类人爱表现自己，自信、大方，渴望成为社交场合的焦点，但同时，在行动之前，喜欢反复考虑，不轻易采取行动；一旦接受了一项任务，就会全力以赴地投身其中，不圆满完成，绝不罢休。

“嗨！”——这类人比较多愁伤感、腼腆，不希望得罪人，常常会担心做错事而不敢尝试，但在与自己熟悉的人面前，也比较活泼，在周末或闲暇时间，他们更愿意与爱人一起宅在家中，而不愿外出消磨时光。

懂得观察对方情绪的波动

生活中，人们常说：“祸从口出”，所有的祸端都来自语言，这句话是要告诫我们做人做事一定要谨言慎行，不可毫无顾忌地说话。但从这句话中，我们还应该得出的一点结论是，与人打交道，要想看清别人，可以从对方的语言着手，当然，大部分情况下，人们是不会直接表明自己的想法和情绪的，这一点，需要我们自己感知，其中一个重要的方面就是语气。要知道，任何一句话，都是带有感情的，因此，就产生了语气。一个人的心情如何，通常都体现在语气中。我们先来看下面一个故事：

王安石做宰相的时候，儿媳妇家的亲戚萧氏的儿子到京城，拜见王安石，王安石邀请他吃饭。第二天，萧氏的儿子身着盛装，他以为王安石必定会有盛宴。到了中午时分，萧氏的儿子已经很饿了。又过了很长时间，王安石才下令入席，但连菜肴都不准备。萧氏的儿子对此感到奇怪。喝了几杯酒后，上了两块胡饼，接着才上了四份切成块的肉。一会儿就上饭了，旁边只安置了一点小菜羹。萧氏的儿子平时很挑剔，只吃胡饼中间的一小部分，把四边都留下。后来，王安石才缓缓地出来，看到这一幕，只是轻轻地笑了一下，然后把剩下的四边取来吃了，萧氏的儿子感到很惭愧，便回去了。

在这则故事中，王安石表达不满的方法很有一套。首先，王安石不出声，只是笑了一下，这已经表示出了他的不快，接下来，他又把萧氏的儿子吃剩下的饼吃了，这更加是一种无声的责备，萧氏的儿子感觉到了这一点，自然惭愧地回去了。

语言是内在最好的表现，是表达心声的最佳武器，而语气则具有隐性的特点，因此，我们在与人交际的过程中，就要学会观察对方的语气，假如一个人说话高高在上，他必定是个得意之人，面对这样的人，你需要小心说话，以免生出事端；假如一个人说话轻声细语，那么他就是个性格温柔之人，但也可能是绵里藏针，这样的人你更要小心提防；也有一些人说话大声爽朗，他们的性格和他们的声音一样，让人感觉开朗大方；而更有一些人，说话诚恳，不矫揉造作，这样的人，谦虚恭敬、平易近人，能获得别人的诚心相待。

一般来说，一个人的感情或意见，都在说话的语气里表现得清清楚楚，只要仔细揣摩，即使是弦外之音也能从说话的帘幕下逐渐透露出来。

1．留意语速变化，就抓住了对方的内心变化

如果一个人平常说话慢慢悠悠、从不着急却突然加快时，很可能是对方说了一些对他十分不利并且是无端诽谤的话，语速的加快表达了他内心的不满、着急和委屈；相反，如果语速减慢，则很可能是对方触及了他的一些短处、弱点甚至是错误，要不就是他有事瞒着对方。语速的减慢反映了他底气不足、心虚、卑怯的内心状态。

2．声调的提高，并不一定是有理

音调的变化、语气的改变能体现一个人内心的活动，反映出一个人真实的一面。理直才能气壮，为了引起你的重视，他往往会提高声调。对此，你可以这样说：“是的，我也认为……”

3．沉默寡言的人变得健谈，是因为心里有“鬼”

突然由沉默变得健谈的人，往往是刚遇到了一些自己不愿意别人提及的事情，也就是心里有“鬼”。对此，我们要识趣，可以这样说：“对了，我想起一个问题……”这样，就能顺利地把话题引开，把对方的思维引向别处。

总的来说，真正会察言观色的人，是不会只听对方的表面话语的，而是懂得观察对方情绪的波动，只有这样，我们才能对症下药，采取正确的应对方式。

约会地点反映人的处事方式

日常生活中，无论是普通朋友还是异性之间的约会，无论是一般意义的见面还是上午会谈，都涉及约会地点的选择，这看似很随意的一个选择，却能反映一个人的处事方式。我们先来看下面的故事：

小林所在的公司最近新来了一个女同事双双，大概二十岁出头，应该是从大学刚毕业不久。公司里所有的同事都很喜欢她，她很乐于助人，当别人说“谢谢”时，她总是说：“不客气，举手之劳而已。”恰好，当她实习期结束后，领导将她和小林分到了一个小组。长期在一起工作，小林渐渐对这个姑娘产生了好感，但却不知道对方是怎么想的。

一个周末的上午，小林在家百无聊赖，便打电话给双双，想约她一起吃个饭、看场电影，双双倒也爽快，就直接答应了。

“那我们去哪儿吃饭呢？我不知道你喜欢吃什么？”小林问。

“我比较爱吃川菜，我知道公司附近有家店不错，你觉得怎么样？”

“好吧，那一会儿见。”

在双双出门前，学心理学的室友叮嘱她：“吃饭的时候别忘了问，如果让他选择约会地点，你可以给他四个答案，他选择哪个答案，就能判断出他的性格，就能看出他是不是你的白马王子。”双双虽然觉得不太靠谱，但还是记下了室友的话。

吃饭的时候，两个人聊得很开心，聊到尽兴之时，双双问：“林哥，如果我下次主动约你的话，你会选择在哪里见面呢？”

听到双双这么说，小林有点受宠若惊，“呃……”思考了一会儿后，他说：“我觉得公园好点儿吧！我喜欢两个人坐在公园里，吃个棉花糖，看着周围可爱的小朋友和颐养天年的老人，我会觉得很安逸。你觉得呢？”

“嗯，我也挺喜欢的。”双双听完后，漫不经心地回答。其实，她心里早在盘算着答案，选择公园作为约会地点的人，应该是开朗大方、活泼型的人，这和自己的性格很互补啊！看来，这个林哥很适合自己。

“不过，你说的下次主动约我，是真的吗？”小林趁机问。

“当然是真的，那下次我们就一起去人民公园，我们还可以一起放放风筝。”

听到双双这么说，小林心里甭提有多高兴了。他心想，既然人家姑娘已经主动表示好感了，自己就应该一鼓作气把双双追到手，于是，吃完饭后，他又带双双看了场电影，从电影院出门，他们已经牵起了手。

自从这件事以后，小林就把双双当成自己的女朋友了，并在自己的微博上发表了很多情感宣言，他们周围所有的同事都知道了这件事，这一对小情侣沉浸在了他人的祝福中。

在这则案例中，小林为什么能成功地把自己喜欢的女孩追到手？这是因为他在无形中接受了双双的心理测验，当他的答案符合双双内心的想法后，双双便主动表示出了好感，两人便顺理成章地成了恋人。

心理专家称，日常生活中，异性之间包括普通朋友之间的约会，最能反映一个人深层心理的最佳指标。具体来说：

（1）选择在家门前的人。这种人性格外向、独立性强，为人老实，但却不会办事，不会做人，常常毛毛躁躁，易将事情搞砸。

（2）选择在公园见面的人。这种人性格外向，热情大方，活泼开朗，个性奔放，热情、直率、独立，是天生的领导者。

（3）选择在咖啡店见面的人。这种人是典型的生活艺术家，他们热情、浪漫、感情丰富，懂得如何表达爱和让爱人享受浪漫的生活，同时他们也很爱自己，不会让自己受委屈。

（4）选择车站的人。这种人为人热情，气场强，办事风风火火，但性格急躁，没什么耐心，很有时间观念，讲究效率，之所以会选择车站这一约会地点，就是为了方便。工作中，他们很热情，表现也很好，但人际关系处理得并不怎么样。

是否守时暴露性格特点

在现实生活中，与人打交道，就要会面，这样就出现了一个人是否守时的问题。面对约定，一个人是否守时，体现的不仅是他自身的时间观念，也暴露出他的性格特点。关于这点，我们还是先看下面的故事：

“不好意思，刚好这会儿车子发动不了，你再等我十分钟，我马上到……”电话这头的小鹏给女朋友莉莉解释，莉莉心想，这已经是我们恋爱以来你第19次迟到了，而事实上，他们才恋爱两个月。

两个月前，高大帅气的小鹏得知公司公关部新来了一个美丽的女孩莉莉，便对她展开攻势，而他的帅气一下子也吸引了莉莉，很快，两人坠入爱河。然而，也不知道为什么，无论什么时候约会，小鹏总是会迟到，最短时间十分钟，最长时间一个小时。莉莉实在忍受不了了。

于是这次，等小鹏风风火火地赶到约会地点时，莉莉很正式地对他说：“鹏，我们分手吧，我不想做那个永远等着你的人，再见……”

故事中的莉莉之所以会向小鹏提出分手，是因为小鹏是个“迟到大王”，换作是谁，恐怕也会和莉莉做出一样的选择。其实，可能连小鹏自己都没有意识到，他之所以会经常迟到，是与其性格有一定关系的。在心理学家皮埃尔·温特看来，这实际上表达出一种强烈渴望关注的态度，他们希望得到别人的重视、成为人们的焦点。因此，他们多半都是固执的、不喜欢接受他人的意见。与这样的人谈恋爱，需要明白的是，我们不要指望影响他们、改变他们。尊重他们的意见、与其和平相处也许是最好的恋爱模式。

的确，生活中我们经常听到有些人为自己的迟到找借口，“我堵在路上了”“我出门晚了”……事实上，一个人的时间观念影响着他的行为，也暴露出他的性格特点。

第一类：从不迟到的人。

有的人不仅从来不迟到，而且总是提前一点到达约会地点。这样的人对生活抱有敬畏、尊重的态度。他们爱惜自己的时间，也尊重别人的时间，宁愿自己等，也不愿让大家等。他们做起事情来小心谨慎、计划性强。

第二类：总是迟到。

这样的人是大家眼中的“迟到大王”，无论约会去做什么，他们没有几次能按点出现的。因此，知晓他们性格的人多半会在约定时间后才会出现。当然，在与异性交往的过程中，他们常常也会因为这一点而得罪对方。这种人喜欢按照自己的意志行事、不受他人控制，就像一个任性、固执、永远长不大的孩子。

第三类：踩着点到达约会地点的人。

还有一些人则习惯踩着点到达，他们习惯严格掌控自己的生活，喜欢有条不紊地完成事情，是典型的“完美主义者”。一旦发生突发状况，会显得有些焦虑不安。

他们的性格中也有一些弱点，有时仅凭个人的好恶或价值观来决定事情，并希望别人也以同样的角度或标准来处理问题的倾向。有时他们心里总想着别人的问题，可能会过于陷入其中，以至于被其困扰。有时，容易将别人或事情理想化，不够实际。尽管常常自我批评，但他们不是特别善于管束和批评他人。有时会为了和睦而牺牲自己的意见或利益。有些“理想主义者”比较容易动感情，情绪波动较大。

第四类：不喜欢迟到，但不会拼命赶时间。

还有一部分人，不喜欢迟到，但也不会为了守时而拼命赶时间。这样的人通常生活比较随意，喜欢自由自在，不轻易勉强自己。为人坦诚，不善伪装。另有一些人，喜欢一边等人，一边不停地看时间。这类人不仅时间观念强，而且对他人也有着严格的要求，做事习惯拿出“证据”，用事实说话。

当然，无论您是哪种性格的人，都一定要记住守时是很重要的。哲学家尼采就曾说：“说好的约会时间，让别人等待，连招呼都不打一声，这种行为是极其恶劣的。这不仅是不讲礼貌、不遵守约定的问题。在对方等待你的过程中，因为你的不出现，在等待的时候，他会产生各种负面的情绪，例如，担忧、猜想，继而产生不快，甚至会因此而愤慨。也就是说，让别人等待无异于不道德，会在不经意间令那人的人性变得邪恶。”的确，不守时既浪费了自己的时间，也浪费了别人的生命。这看似是一件小事，却体现了你的做人态度，如果你对别人的时间表示不尊重，你也不能期望别人会尊重你的时间。一旦你不守时，就会失去影响力或者道德的力量，但守时的人会赢得每一个人的好感。

“口头禅”背后的心理活动

生活中，我们经常会有意无意地提到某个词语或者某个句子，这就是口头禅。

“口头禅”一词来源于佛教的禅宗，本意指不去用心领悟，而把一些现成的经验挂在口头，装作有思想。演变到今天，口头禅已经完全成了个人习惯用语的意思。而且按照现代心理学的观点，口头禅其实也不是完全不“用心”的，它的背后隐含着一些心理活动和心理作用。我们不妨先来看下面一个故事：

琦琦是一名刚参加工作的推销员，现在的她还在接受公司进行的销售新手培训。在培训的过程中，负责培训的张老师发现，琦琦很喜欢把“说真的”挂在嘴边。

这天课后，张老师单独找来琦琦。

“你对自己满意吗？”

“挺好的啊，您为什么这么问？”琦琦很好奇。

“也就是你认为自己很自信喽！那为什么你很喜欢说‘说真的’这个词呢？”

“口头禅而已，这应该不能说明问题吧？”

“这你就错了，一个人的口头禅是能泄露一个人的性格特征的，我们千万不能低估客户的观察能力，一个人喜欢说‘说真的’，其实是不自信的人，这样强调，就是为了让对方相信自己，我想，你应该知道自信对一名销售人员来说有多重要吧，你自己的底气不足，又怎么能说服客户呢？”

“我知道了，谢谢您，张老师，我会尽量改掉这个口头禅的……”

和故事中的琦琦一样，很多人都有自己的口头禅，这看似是一种语言习惯，其实是一个人个性的显现。使用不同口头禅的人，在性格特征上也是不同的，对此，我们不妨根据口头禅使用的不同来对身边的人进行划分：

1. “据说、听说”

常使用这一类口头禅的人，往往有这样一些特点：阅历比较广，但往往不够果断。为了让自己的话不至于太过绝对，给自己留点退路，他们便经常使用此类口头禅。

2. “真的、不骗你、说实话”

这种人在说话时担心听者会误解或者怀疑自己，因此，便急于想表明自己的立场。

3. “但是、不过”

这些人说话时滴水不漏，即使发现自己说错了话，也能立即找到一个例外，并用“但是”加以转折，但这也表明他们说话懂得给自己留有余地，从事公共关系的人常有这类口头语，因为其委婉意味，不致令人有冷落感。

4. “肯定嘛、必需的”

这类人往往信心十足，理智、果断，有足够的说服力，常常能够令人信服。

5. “嗯、这个嘛、啊”

很明显，这是一些用于语言间歇中的词语，常使用这类口头禅的人，往往思维反应较慢。当然，一些说话傲慢者也喜欢使用这种口头语。

6. “可能是吧、或许是吧、大概是吧”

这类人为人谨慎，行事周密，不容易得罪人，因此，人缘不错，但他们一般不会将内心的真实想法告诉别人。

著名心理学家威廉·詹姆斯说过：“播下一个行动，收获一种习惯；播下一种习惯，收获一种性格；播下一种性格，收获一种命运。”

“口头禅反映了对某一类情形的反应模式。尤其是带有消极词语的口头禅，对认知和情绪都是一种消极暗示，所以，心理治疗师即使肯定别人，也很少说‘不错’等带有双重否定的词汇。”

那么，从我们自身来讲，又该怎样避免口头禅为我们带来的一些负面效应呢？据有关专业人士介绍，有三类对人心理健康不利的口头禅要不得：

第一类，“我不行的”“我怯场的”，在生活中，尤其是在一些特殊场合，我们常常听到这样的口头禅，表面上看，这只是一两句简简单单的口头禅，但却对我们的心理起到了极强的负面强化作用，会导致我们形成自卑感进而不利于目标的达成，更对我们的心理健康有害。

第二类，摒弃那些能使人产生刻板印象的口头禅。从心理学角度而言，所谓刻板印象，就是人们在社会生活中，随着某些社会经验的积累，会过多地依靠这些经验为人处世、判定他人。

这类口头禅很多，如“帅气的男人一定花心”“十商九奸！”这些带有刻板印象的口头禅会给人们带来偏见，既不利于人际交往的和谐，也不利于身心的健康。

第三类，则是诸如“凑合着吧”“没劲透了”“活着真没意思”这些会传染给他人消极情绪的口头禅。

不抛弃这些口头禅，会让你在社会生活中成为不受欢迎的人。

自言自语是自我解压的方式

我们都知道，一些精神病人都有一个症状，就是自言自语，他们有的独自讲话，有的喃喃自语，有的宛若亲友在旁滔滔不绝。因此，当我们发现某个人旁若无人地自言自语时，便认为他在发“神经”，认为他是脑退化或者心退化。

实际上，从心理学的角度来看，自言自语的情况在正常人中也存在，单纯的自言自语不一定是病态，从某种意义上来说，反而有利于身心健康。可以说，自言自语其实是人自我解压的一种方式，也就是说，如果你也有这样的习惯，不要恐慌，这并不是什么精神问题。我们不妨先来看下面一个故事：

琪琪今年15岁了，刚上高中，进入新的环境，和同学们相处得很融洽，学习也很刻苦，新学期的期末考试就要到了，琪琪突然觉得压力很大。同学们经常看见琪琪一个人喃喃自语，吃饭的时候一个人说话，打开水、洗澡、睡觉的时候也都会说，同学们都很害怕，就把这件事告诉了琪琪的父母。

后来，母亲不得不带琪琪去看心理医生，在和医生交流后，医生对琪琪的母亲说：“其实没什么大问题，孩子会自言自语，是她能自我调节的表现，孩子学习压力大，如果闷在心里，倒更容易出事。”听到医生这么说，琪琪和她的母亲都放心了。

在生活中，可能有不少人都会和故事中的琪琪一样，偶尔会自言自语，由于自言自语多表现在精神病人身上，所以长期以来，人们总觉得那些自言自语的人都是不正常的，其实，每个人都可能出现自言自语的情况，现代心理学认为，自言自语是一种最健康的解决精神压力的方法，是一种行之有效的精神放松术。

心理学家经过研究认为，自言自语是消除紧张的有效方法，它可以有效地发泄心中的不满、郁闷、愤怒、悲伤等不良情绪，有利于消除紧张，恢复心理平衡。当你忧心忡忡时，若有机会听听自己的谈话，可能使你拓展思路，变换考虑问题的角度，减少钻牛角尖的机会。

心理学家的研究还总结出，自言自语能使人：

①保持镇静。自言自语的音调有一种使人镇静的作用，有一种安全感和人际交往的效应。调整思绪自我大声对话，可以调整大脑中紊乱的思绪，尤其是在紧张、劳累时。

②缓解矛盾。自言自语有利于澄清问题的是非，缓解矛盾冲突，比较各种解决方法的利弊，避免盲目冲动。

③消除不良情绪。许多不良情绪，如焦虑、紧张、忧虑和担心，若能讲出来，压在心中的石头就会被搬掉，从而达到心理平衡。

④改善睡眠。冥思苦想和各种不良情绪可导致和加重睡眠障碍，自言自语可终止思虑，减轻消极情绪，从而达到改善睡眠的目的。

⑤改善社交能力。各种消极情绪会影响人的社交能力，使社交能力受损，质量下降。自言自语能疏泄不良情绪，使心理保持平衡，进而提高社交能力。总之，自言自语有时是一种健康的解决问题的方法，而不能不加判别地认为都是病态。

总之，正常的自言自语应区别于精神疾病的自言自语。正常的人自言自语是由于思考问题所致，而长期精神压抑或抑郁的人是在精神恍惚的状态下，产生幻觉，在幻听中与实际不存在的人进行言语沟通。

可见，只要不是与幻觉有关的自言自语都是正常的。很好的自我交谈可以有效地发泄心中的不满、郁闷、愤怒及悲伤等不良情绪，有助于消除紧张，恢复心理平衡。当人们思虑忡忡时，若有机会听听自己的谈话，并对自己提一些问题，换一个角度看问题钻牛角尖的可能性就会减小。

“购物狂”是一种病态的消费心理

生活中，想必人们都有这样的感触：只要心情一不好，女人就喜欢逛街；心情好了也会逛街，而只要一逛街，女人们似乎都有用不完的精力……她们真的有那么多的东西要买吗？当然不是！那女人们为什么如此热衷于逛街呢？

的确，在购物心理上，男人和女人是不同的，男人通常买东西都是直奔主题，看中合适的，直接掏钱买东西。而女士逛街则看心情，当她们心情不好时，购物是她们经常选择的发泄方式，而陪女人逛街，对男性来说却是一种巨大的心理折磨。我们先来看下面的故事：

小李是个急性子，但偏偏女朋友喜欢逛街，而且一逛就是好几个小时，最让小李吃不消的是，女朋友好像对商品毫无抵抗力，只要看到喜欢的，不管价格如何都会毫不犹豫地买下。

细心观察后的小李发现，女朋友最喜欢在情绪波动的时候逛街，心情不好的时候，她会用逛街来发泄；心情好的时候，她也会逛街来庆祝。不过小李感到庆幸的是，女朋友很少向自己要钱买东西。

小李现在学聪明了，每次逛街时，他都不进商场，只在门口等，等女朋友出来时再为她提东西。不过小李倒也不孤单。每当他等女朋友，看到门口一圈男人也和他一样时，心中不禁涌出一句白居易的名句“同是天涯沦落人”……

可能很多男人都和小李一样，对自己的爱人如此痴迷于逛街表示不解。购物狂过度购物，内在根源也来自外在压力。现代社会对女性的要求越来越多，不仅要貌美如花，拥有事业，还不能丢掉贤良温顺、相夫教子的传统美德，因此，职场中有些女性白领面临着很大的生活压力和工作压力，于是，购物就成了她们宣泄压力和负面情绪的通道之一。

一般情况下，多数女人都喜欢购物。逛街无疑也是一种很好的心理宣泄的方式，但也有一类女性，购物往往满载而归，却对自己的“战利品”很少满意，她们常常陷入一种“不买难受，买了后悔”的矛盾中，这类女性常自嘲为购物狂。从心理学的角度分析，购物狂和暴食症、偷窃癖一样，都属于冲动控制疾病范畴。疯狂购物的内在原因来自对商品的病态占有欲。

另外，作为下属没有能力控制自己的工作量，没有办法操控主管给自己带来的压力，或者生活中有很多身不由己的事情，让她们面临着很大的压力。

这种无助感让有些女性内心极其渴望能控制和把握一些东西，购物便很好地契合了她们的这一需求。

专家称：“当人无法控制自己的消费欲望，而是进入一种购物上瘾、强迫自己消费的状态时，这就不仅是一种过度消费了，而是一种病态购物症，在国外被广泛定义为‘强迫性购物行为’，需要及时接受指引和治疗。”那么，如何辨别自己是否是购物狂呢？又该如何防治这种心理疾病呢？

购物狂的典型特征是：见到喜欢的就买，买完了又后悔和自责，然而这种感觉只是转瞬即逝，她又投入了下一轮购物战斗中。

“购物狂”分为缺乏自制力的冲动消费型、由嗜好变成沉溺上瘾的过度消费型、“耳根软”的被动消费型、减低空虚感的逃避消费型、只爱名店的崇尚名牌型、因贪便宜而大量购买的疯狂讲价型六种类型。

如果你是一个购物狂，那么，你需要进行以下心理调整：

（1）减轻压力是“购物狂”需要进行的第一步，只有认清压力的来源，寻找到适合自己的方法，才能从根本上解决这个问题。

当女性发现自己有购物狂的举动时，不妨尝试一下其他比较合理的宣泄压力的方式。宣泄的途径有很多，性格外向的女性可以找个地方高声大叫；性格内向的女性则可以把心中的不快写在纸上，寄给远方的朋友。

（2）行为主义的疗法，给购物狂制订购物计划，尽量少带钱出门，并且对较严重的人群建议与心理咨询师多沟通，可以和咨询师之间制订一个协议，完成一个阶段的协议后再去制订下一个协议。购物者还可以选择结伴出行的方式，让身边的人提醒自己合理消费。

养宠物具有积极的意义

相信在日常生活中，我们都会看到这样的场景：清晨或傍晚，在公园或者马路上，一个人牵着一条狗……不得不说，现代社会，养宠物的人越来越多，不仅老人养宠物，年轻人也养宠物，并且，所养宠物的种类也是越来越多。有人养猫、有人养狗、有人养鸟，甚至有些人还会养蛇、蜥蜴，那人们为什么越来越热衷于养宠物呢？

关于为什么养宠物，最通常的说法是“做伴”。国外有研究证实：饲养宠物陪伴孤寡老人，他们的身体状况会较为良好，寿命也会得到延长。而在我国，父母工作繁忙，没法经常陪伴孩子的家庭也会考虑饲养宠物陪伴孩子。

清清从大学毕业后，就离开湖南老家去了北京，成为北漂一族，她之所以去北京，原因只有一个——男朋友在北京。然而，不到三个月，她就发现男朋友有了新欢，于是，她很干脆地说了分手。

然而，在没有一个朋友的北京，失恋的她好像失去了生活的重心，她不知道该何去何从。一次，她浏览网页时，无意间看到有人因为出国要出送自己的小狗，这引起了清清的兴趣。最后，清清很顺利地得到了这只小狗，它的名字叫果果。

虽然照看果果有点琐碎，但清清很开心，每天早上，在洗漱完之后，她都会给果果洗个澡，吹吹毛，喂它吃个早餐，然后带它去楼下散散步，回来刚好七点，然后她再去上班。

果果是只很可爱的小狗，它不会在家里随地大小便。清清不在家的时候，它会安静地躺在沙发旁；晚上，清清一回家，它就很高兴地跑过去，然后黏着清清不放。

现在清清常对周围的新朋友说，那段时间真是幸亏有果果在，不然她真不知道怎样熬过那最煎熬的失恋岁月。

从清清的经历中，我们发现，养宠物确实会让人感到身心愉快，在照料宠物的过程中，我们的心情也能得到舒缓，同时，宠物都是很好的听众，我们不必担心它们会泄露我们的秘密。的确，有时候与宠物交流获得的乐趣和满足，是人与人之间的交流也未必能得到的。

当然，除此之外，养宠物者还有几种心理：自恋型、理想化照料者、排遣压抑的情感。

自恋型，就是养什么像什么，或者是一个人部分人性的反映。人通常都有自恋的行为，也需要有自恋的心理，养宠物，是一种很好的又不自知的自恋行为。

理想化照料者，这种人有很多，如很多小孩都有这样一个阶段，他把宠物看成了自己，而他自己则充当一个照料者，其实，他怎么照料宠物，内心就渴望别人怎么照顾他。有一些人，则是童年时期的一个未了愿望，如以前家庭子女比较多，父母能够给每个孩子的关注并不多，但孩子本身是有欲望与渴望的，在他的心里都有一个理想妈妈的原型，当有机会时，她便会充当这个理想妈妈，去照料宠物，作为一种补偿。

排遣压抑的情感，是养宠物的另一种心理。人都有多面性，平常表现出来的不一定是他最真实的一面。这个时候就会产生一种压抑。压抑需要排解，养可以表达自己内心欲望的宠物，也是一种排解。所以我们 会看到，一个斯斯文文的女孩，却养了一条凶猛的大狗。

当然，养不同的宠物者的心理也是不同的。

鱼类也是人们饲养宠物中比较多的一种，与其他动物的生存环境不同，鱼缸有多大，鱼的世界就有多大。喜欢养鱼的人，不难发现他们更向往自由自在的生活，崇尚大自然，拒绝受到束缚，需要极广阔的自由空间。

鸟是又一种被古代中国人普遍豢养的宠物。由于它的羽毛华丽、体姿优美和鸣声悠扬动听，历来被人们钟情并宠爱。养鸟的人，基本上都有双重性格，一面渴望飞翔、渴望自由；另一面又害怕失去现实的生活。所以和他们打交道时要特别注意，千万不要被他们的双重性格弄得一头雾水。而且养鸟的人较为孤僻，不善于交际。

养另类宠物往往代表自己的一种愿望，这种愿望是独特的，很引人注目，但很多时候那种独特感、优越感，恰恰反映出其内心的懦弱与无助。例如，喜欢喂养蜥蜴的人，智商往往较高，但情商却偏低。所以，这类人比较敏感警觉，不善于与别人交往，对别人的议论也抱着不在乎的态度，所以他们没有太多的知心朋友。

养宠物不是坏事，但一定不要把生活的重心全部放在宠物上，要多发掘一点兴趣爱好，发现世界的精彩，并不是只有宠物才可以愉悦生活。

6

Chapter 6

揭秘微动作的读心策略

真正的惊讶，永远短促而协和

惊讶情绪是一种极为基础的情绪，所以惊讶反应也是一种基础的反应。但是，这不代表惊讶反应是简单的，真正的惊讶反应必须同时做到时间短促和各类反应的合理与协和：一组完整的惊讶反应从开始到结束可能不需要一秒钟，但整套反应从表情动作到语言行为，必须在这一秒钟里达到统一。所以，或许人与人表达惊讶的方式略有不同，但真正的惊讶，永远短促而协和。

惊讶是人们受到意料之外的新信息刺激时必有的反应。通常，当事人越关注惊讶反应的刺激源，那么他的反应就越大。隔着三辈的远房亲戚去世和亲生父母去世，得知这二者的消息时，反应的剧烈程度绝对是不一样的。

而人与人之间的文化背景、阅历、城府差异，同样导致人们在惊讶时做出的反应有些微区别，但其中，必有一定的共性。

我们做的，就是把人们惊讶时做出的诸多反应的共性总结出来。也就是说，在绝大多数情况下，只要对方的面部或身体做出了类似的反应，那么说明他是真的惊讶。

设想一下：你正在公司吃午餐，这时你办公室的门忽然被一脚踢开，一个同事惊慌失措地跑到你面前，此时你的表情会是怎样的？

然后他挥舞着手里的报纸，大声冲你嚷嚷：“我们公司偷逃税款7000多万元，老板因涉嫌非法集资刚刚被抓，昨天上了法制频道，今天就登报了。”此时你的表情又是怎样的?

首先，门被踢开的时候，你的脸上必定有一瞬间的惊愕，但看到你的同事气喘吁吁地跑进你的办公室时，你或许会有一些轻微的厌恶；而当他说出那个巨大的消息时，你的表情会立即变得更加惊愕，片刻之后，这种惊愕就转化为了不安。

在这整件事里，你一共出现了两次惊讶，惊讶出现之后，就迅速变为其他情绪。对此，我们可以得出一个这样的结论：惊讶表情的存续时间极短。所以，我们必须提醒各位，想要捕捉惊讶表情，就必须瞪大你的眼睛，抓住当事人在听到信息时的第一反应；否则，你会什么都得不到。

首先，我们先在脑海里描摹一个完全释放的惊讶表情：

第一，在脸的中上部，额头肌肉收缩性紧绷，眼睑放大，虹膜张开。

这种微表情的成因是生物性的，生物在接受刺激性较大的信息时，会本能地对这个信息进行进一步考察。“难以置信”是惊讶出现时的配套成语，既然无法相信，那么就去看看这件事到底是不是真的。所以，额头收缩，眼睑放大，都是为了虹膜张开。张开后的虹膜拥有更高视野、更清晰的视觉敏锐度，以便能够更加全面细致观察。

在这里介绍一下眼睑、虹膜与瞳孔的基本知识。

眼睑俗称眼皮，负责保护眼球。

虹膜其实就是我们常说的黑眼仁，它其实并不是球体，而只是一层有颜色的膜，当然不同种族的人虹膜颜色不一样。虹膜就像指纹，没有两个人的虹膜是完全相同的。

瞳孔并不是一个器官，而是虹膜中间的小孔，光先从这里进入，在视网膜上成像。眼球工作机制，其实就是个录像机。

眼睑保护着虹膜，每次眨眼其实都是对虹膜和眼球表面的润滑和清洁。

而虹膜肌肉则控制着瞳孔的大小，这种控制，人们是不能主体操控的，不同的心理才会令虹膜不由自主地收缩或放开。这就是我们需要仔细观察的地方。

第二，在脸的中下部，鼻孔和嘴部会些微放开，并出现一次急促的吸气。

惊讶的本质是预备动作。前面我们说过，绝大多数惊讶之后，都会迅速跟上其他表情：悲伤、愤怒、无所谓、喜悦……所以，惊讶其实是在接收刺激性消息时必须经历的一个前提表情；而吸气，就是这个表情的意义所在：为下一步积攒能量。

所以，鼻翼和嘴唇的张开，其实都是为了吸气。但是，用鼻子吸气和用嘴吸气是有很大区别的，读者朋友们不妨自己试一试，你会发现，用嘴吸气时脖子用的力量会少很多。所以，绝大多数惊愕的表情，都是在用嘴吸气。相对于惊讶表情的眼部反应，其口鼻发生反应的概率较小。惊讶反应的当事人，眼部一定会有动作，或剧烈或不剧烈，但一定会有。也就是说，轻微的睁眼和额头上抬是惊愕的主表情，但当刺激足够大时，嘴和鼻翼也会做出动作。

在生活中，惊讶反应是可以伪装的。想要知道一个人的惊讶是否作伪，你只要观察他嘴部动作与眼部动作相比是否及时，以及他的眼睑张开时虹膜是否扩大就知道了。

因为，人们可以通过控制各种器官，达成“伪造表情”，如通过张大嘴伪装吃惊，通过皱眉头伪装悲伤。嘴部肌和眉骨前肌是可以控制的、但有些器官则无法控制，因此，他们能真实地反映人的心态，而其中应用最为广泛的，就是虹膜和瞳孔。

除了表情之外，值得一提的是，惊讶反应下的肢体动作。

当前的微反应研究并没有发现惊讶有哪些固定而具体的肢体动作，但我们可以确定的是，在大多数情况下，行为人得到惊讶信息后，身体会呈现极为短暂的僵直。

这种僵直的方向趋势，一般来说是向后上方的。你观察过猫吗？它们在受到惊吓的时候，四肢伸直，身体轻微跳跃。人在受惊吓的时候，身体其实也有轻微跳跃的趋势：胸腹会不自觉地突然向上挺直。

人们的动作，大多是具有一定的无意识节奏的，而惊讶反应的出现，会令这种节奏出现瞬间的紊乱。比如，把烟递向嘴边的时候有瞬间的停顿、正在唱歌的时候忽然有一个音走调、正在摇晃的人忽然暂停……

“真的？”“是吗？”“怎么可能？”这是典型的惊讶式语言：短促，疑问偏多。一个满口肯定语气的人，必然没有受惊。

不安反应很独特

不安情绪，是一种令人不舒服的信息刺激。而人的趋利避害本能会转移自己的注意力，这也是不安反应的发生规则。实现转移，身体规避，话题转移，都遵循了这个规则。此外，不安反应是非强烈反应，其反应表征也不剧烈，但都很独特，需要认真地观察。

上高中之前，我对不安这种心态并没有太强的认识，印象最深的是不写作业被请家长，但那时候一来年纪小，二来心里完全被要挨揍的恐惧占领，没有心思去琢磨自己为什么不安、怎样不安……

直到高二，我们学校搞了一个活动：每门课留出一节，由老师交给同学讲解。当时我的语文成绩不错，跟老师的关系也比较好，所以老师决定把《念奴娇·赤壁怀古》交给我。她为了让我能讲得精彩，给我准备了很多多媒体课件，并且自己准备了一台家用DV给我进行拍摄。

到讲课那天，我很紧张，紧张到把“羽扇纶巾”读成了“羽扇仑巾”。而后来我看老师送给我那张光碟时，才发觉自己讲课时的一举一动有多好笑。看了几遍后，我心里忽然有了这样的想法：整整30分钟，我几乎把人类能做的全部能够表达不安情绪的动作神态都做了一遍。

首先，我感到极度紧张，整个过程中，我的左手一直拿着教参挡在胸前，即使大多数时间用不上这本书。

其次，我在讲课的时候，目光始终在几位跟我要好的同学身上游弋，不停地咬着下嘴唇导致说话不清晰……

而如今，我已经可以很自然地在一个千人礼堂里对着众人侃侃而谈，回想那时候，除了感到辜负了语文老师的信任之外，更多的是对“不安”这种情绪的把握。

不安反应的表情反应不安心态有两个最重要的表情映射：视线的异常和嘴部肌肉的动作。

不安的人首先想到的是把视线放在“能令自己产生满足感”的目标身上。我讲的那堂课，在极度不安之下，只敢去看几位与我要好的同学，他们令我心安，就是这个原因。其次，不安的人会让视线回避那些让他不安的目标。当我把“羽扇纶巾”读成了“羽扇仑巾”之后，我开始胆怯于跟语文老师有任何视线交集，因为我害怕在她脸上看到失望。

不安的人的视线都遵循这么一个原则：趋利避害。不安的人会潜意识地不去看那些令自己产生负面情绪的信息源，而是会去看让自己产生正面情绪的信息源。嘴部异常，是不安反应的另一个表象。

人在紧张不安的时候，心跳和血液循环会加快，一些神经密集度高的器官开始呈现干燥状态。嘴唇是典型的这类器官：舔嘴唇、抿嘴唇、咬嘴唇，都是人心态不安的映射。

当然除了嘴唇外，舌头上也有极高的神经元密度，所以人们在紧张时，会分泌更多的唾液，来润滑舌头和口腔。这些多余的唾液需要一次吞咽来处理，这时，就有了不自觉的吞咽动作。

处于不安心态的人还有一个嘴部表情反应，那就是咀嚼和吮吸。

和舔嘴唇不同，吞咽咀嚼动作的成因和眼部视线转移倒是有些相似，即给当事人带来愉悦感。弗洛伊德认为人在婴儿时期第一个获取快感的器官就是嘴唇，通过对奶头的吸吮和吞咽，达成快感。在成年后，人们会通过性、食物、自我实现等渠道获取快感，但单纯的嘴唇吸吮已经刻在人的潜意识里。当人们需要获取轻松愉悦感时，就会情不自禁地做这种动作。

总结起来，舔嘴唇、吞咽、咀嚼、吸吮，都有可能是不安心态的表情反应，但单拿出一样来，却并不能直接证明当事人的不安心态。

无论是眼部还是嘴部表情，这都要结合情景来看，很可能有的人在思考的时候也喜欢咬嘴唇，所以，我们要继续了解不安反应的其他表现。

不安反应的动作表现

不安反应使人产生焦虑，人们会本能地寻找能够缓解这种焦虑的信息。不安反应的表情是这样，不安反应的肢体动作也是这样。

手部是人类操控感最强的肢体，人们对手的控制堪称绝妙无比。大多数人在产生不安反应时，所做出的绝大多数动作都是和手有关的。我们把这类动作分成两部分：第一部分是单纯的手部动作；第二部分则是手部与其他肢体的联合动作。

单纯的手部动作，如搓手、玩弄手指，这是一种通过手部动作转移焦虑、缓解紧张的典型动作，一般出现在焦虑紧张程度较重的时候。

而在焦虑程度较轻时，人们往往会用手部触摸其他器官，如脖颈、面部、下巴、鼻子、女士的头发、男士的胡子。这种触摸是通过对皮肤快感的增值来驱赶焦虑。

还有一个动作，也是用手部来缓解不安：这时，很多人习惯抓住自己的领口来回晃动。这是因为，紧张时，体表温度提升，皮肤汗腺会分泌汗液。晃动领口，衣服内部的皮肤表层空气流动速度就会加快，体表温度下降，汗液蒸发速度提升，焦虑被缓解。

这种动作，比较常见的有整理领结、松开领带、晃动衣服加快衣内空气流通，长发者还会用双手从发根至发梢拨一遍头发。

记住，不安情绪并不是极强的情绪，所以它衍生的不安反应也不会很强。过于强烈的不安反应往往代表当事人已经进入恐惧或愤怒情绪里，如说磨牙是不安反应，但死死地咬牙甚至把牙龈咬出血，就是愤怒；玩手指是不安反应，但手指相扣直至皮肤发白，则应该是恐惧反应。

不安反应的语言表现

语言上的不安反应的最大特征是：回避话题。我想大龄青年们对此一定感同身受：每到过年回家，他们最怕长辈提起的话题就是“谈朋友了吗？相亲了吗？什么时候结婚”？每逢此刻，剩男剩女们势必将话题转移：听说大伯的孩子出国留学了？隔壁王奶奶得直肠癌了是真的吗？房价要降你们听说了吗……

转移话题，是不安反应的第一个特征，虽然无聊或无视也会引起当事人的话题转移，但无聊引发的话题转移和不安反应引发的话题转移有明显的区别：前者会把话题引到让自己感兴趣的事情上，而后者则在谋求刺激源的消失。具体操作起来，反倒会把话题引到能够令对方感兴趣的事务上。前者为了兴趣而转移话题，而后者则为了转移话题而转移话题。

比如说，一个出轨的丈夫，每当妻子有意识地谈及出轨这类事情时，都会说：你不是想要去夏威夷度假吗？我们来看看接下来三个月的日程——其实丈夫对夏威夷没有丝毫兴趣，他更喜欢佛罗伦萨的人文风光。

除了转移话题之外，不安反应也有其他的语言特征。

有一次，我的一个朋友夜不归宿，被妻子质问。他的回答语言特别有意思：“那个……我在一直在和某某在一起，然后？然后看了场球赛，那个，球赛到两点四十五结束，之后我就跟他喝了点酒，那个……在某某酒楼喝的，不信你可以问问某某。”

任何人看见这段话都会发现说话者的心虚。是的，心虚就是不安反应的典型表现。不安者说话时，常伴随着结结巴巴、无意义的语言重复（那个……那个……那个……然后……然后……在……在）、语言或字句的错误和拖沓（把“羽扇纶巾”读成“羽扇仑巾”）、刻意地装腔作势……我一位家在西南部的朋友跟我讲，每次他听到自己的儿子用普通话跟自己说话时，就知道儿子闯祸了……对一个习惯说方言的人来说，过于强调普通话就是装腔作势了。

陷入不安反应的人，可能会筛糠一般不停地踮脚，会时不时地挠头发，会摸自己的下巴。当然，我们必须重申：踮脚可能是因为神经反射异常，挠头发可能是因为头皮痒，摸下巴可能是单纯的装酷。足够的不安刺激，几乎一定会生成这类动作，但我们如何通过这类动作反推断当事人陷入“不安”呢？

很简单，要根据情境来判定，即当当事人做出类似表情的时候，接收到的信息是否有可能对他产生不安刺激。如果有可能的话，那么当事人的不安反应是真的；如果没有这种可能，那么当事人的这些行为，则只是那些没有太大意义的动作。

一般来说，当不安反应足够强烈时，就预兆着当事人在说谎，即“当事人在情势逼迫下说谎”；而这类谎言无法天衣无缝，一个逻辑缜密的人能在其中找到谎言的漏洞与过失。

厌恶反应是当事人的不自觉反应

厌恶反应是一种比较复杂的负面反应，它可以单纯激烈，如强烈的呕吐；也可以隐秘短暂，如一闪而逝的皱眉和撇嘴。强烈单纯的厌恶反应很好辨认，但隐秘的厌恶反应就需要你自己去观察捕捉以及更重要的思考和玩味了。

厌恶，是人在看到负面事物时的反应之一，也可以说是最单纯的负面情绪，因为当信息源对当事人造成巨大的心理落差后，心态会进化成愤怒；如果信息源过于强大，导致当事人可能会受到伤害并超出了其心理承受能力，那么心态会转变成为恐惧。所以，当一个人接受某种信息，该信息为负面，且既不会对他造成伤害，又没有强烈到超出他心理承受能力时，他就会出现厌恶心态。此时，当事人的不自觉反应，就是厌恶反应。

我们可以想象一下符合上述描述的信息源：一幅拙劣的画、一段糟糕的音乐……当我们接受这类信息时，会做出怎样的本能反应呢？

你会不想看、不想听，并远离信息源。具体的微反应就是：皱眉，低垂眼睑，虹膜收缩，瞳孔缩小，鼻腔收缩，脸部内侧紧绷，鼻翼两侧呈现弯曲，嘴部紧闭，下巴以上向上收缩，完全是一副不看不听不闻不尝的架势；与此同时，你的身体会稍微远离信息源，这是本能地远离让自己感到不舒服事物的表现。

这就是一个正常的、饱满的、单纯的厌恶反应，其刺激源的刺激强度在当事人能够接受的范围内，不会造成影响；而当厌恶反应的刺激源增大，导致当事人心里甚至生理不适的时候，就会呈现一个过渡的厌恶反应。如，我们看一部非常恶心的电影，比如《异形》或《群尸玩过界》（看过这两部电影的观众，我相信你们在听到这两个名字时就会不自觉地出现过度的厌恶反应）……其实美式恐怖片早就被认为“恶心”超过“恐惧”，仔细想想，在观赏这类电影时，人们的反应会是怎样的?

面部：皱眉，低垂眼睑，虹膜收缩，瞳孔缩小，鼻腔收缩，脸部内侧紧绷，鼻翼两侧呈现弯曲，嘴角牵动微微裂开，并露出牙齿，下巴以上向上收缩。

身体尽可能地后倾，并很有可能发出模仿呕吐的声音。

一个过于强烈的厌恶反应，其实就是对呕吐的轻度重复。当某事物对当事人的刺激含有恶心成分，这个类似呕吐的反应就出现了。据说，很多医学实习生在第一次观摩解剖实验时直接呕吐。恶心，实际上就是厌恶的极致，不但要不听不看不闻不尝，甚至还有呕吐感这种典型的生理示警。

当然，能够引起恶心发生的绝不仅是视觉或味觉的刺激，有时候行为的刺激同样能够引起恶心。在战场的新兵如果在入伍前受过较高的教育，道德水准较高，那么在战场第一次杀人后，很大一部分人会呕吐。引起呕吐的原因并非尸体的视觉或味觉冲击，而是自己的杀人行为强烈地冲击道德感，令自己产生了强烈的厌弃。

既然有恶心这种程度较重的厌恶，那么是否有某种程度较轻的厌恶反应呢？答案是肯定的，轻蔑，就是最常见的轻度厌恶情绪。

我所读的大学在北方的一座小城市，大二那年，系里更换系主任，新的系主任上任后，我去系主任办公室送班委名单。迎面走出来几个年轻的老师在谈论系主任，他们脸上的表情很有意思：鼻翼两侧出现沟状阴影，嘴部呈现笑容，但只有上唇活动，下唇几乎不动。

这让我匪夷所思，新的系主任毕业于中国最好的学校之一，在业内很有学术名望，选择来我们学校教书只是因为他的家乡在这里，如果完全依从他的事业发展，那么一定会留在大城市里的重点院校。那几位年轻老师为什么会在谈及系主任时露出那种讥刺的表情?

后来我才知道，那几位年轻老师是城市户口，又是“关系户”，没什么真才实学，经常被系主任叫到办公室来批评，所以心怀记恨，就经常聚在一起嘲笑系主任的出身：他在考上大学之前，是个地地道道的农民。

由蔑视产生讥笑或嘲笑，这种心态的产生原因有两点：第一，不认同对方；第二，自己对对方具有明显的优越感，无论是客观上还是主观上。

也就是说，当刺激源令当事人感到排斥和否定，其刺激能量微弱无法令当事人感到任何威胁，当事人就会自然而然地产生轻蔑情绪。而当刺激源产生了某种荒唐效果，那么就会随之产生讥笑。

轻蔑反应很容易作伪，也就是说人们经常故作轻蔑，因为人们可以通过这种伪反应来表达自己的高高在上。区别真假轻蔑反应的标准就是持续时间的长短：一个持续时间过长的轻蔑和讥笑，必定是假的，是故作轻蔑、故作微笑以显示自己的强大；真正的轻蔑，一闪而逝。所以，如果你在生活中或职场里，遇见那种对你直接而持久的表达轻蔑或讥笑的人，千万不要自卑，对方只是通过嘲笑你来维护他的自尊而已。

我们可以总结一下厌恶反应的面部表情部分：轻度的轻蔑；正常饱满的厌恶；强烈的恶心——无论哪种程度上的厌恶，其核心表情在于鼻子，鼻翼两侧出现沟壑，这是无法控制的。

说到无法控制，我想大家会想到前面说过的瞳孔和虹膜，除了瞳孔和虹膜，我们的脸上还有无法主观控制的肌肉，现在我们要说的是提上唇肌和上唇鼻翼提肌，这两条小巧的肌肉就隐藏在鼻子的侧后方，提上唇肌竖在嘴部以上和眼袋以下，上唇鼻翼提肌则紧贴在鼻子与脸的连接线上。两块肌肉都呈条状，它们不会单独运动，只能联动，无法主动控制，只有在情绪到达一定程度时，才会自然运动。

就是这两块肌肉，造成了厌恶表情特有的鼻翼外侧的沟壑。

所以，鼻翼沟壑是判定一个人是否会出现厌恶反应的关键表情。而眼睑收缩和嘴部动作，则是厌恶表情的“测绘器”，其微表情越剧烈，表明当事人情绪越重。其实，鼻翼沟壑的褶皱深浅也能够反应厌恶程度的高低，只是这种褶皱不容易观察。

还需要说明的是，一个合理真实的厌恶表情，无论程度如何，它必须是配套的。举个例子，如果嘴部咧开表达“恶心”，但眼部却有笑意，那么这绝不是厌恶；相反，我相信谈过恋爱的男孩对这个表情都很熟悉：当你对女友说肉麻的情话时，女友用嘴部伪造一个“恶心死了”的表情，但眼部却出卖了她的真心。所以，真正的厌恶表情，各面部器官的表现，应该是具有一致性的。

厌恶反应的身体部分，就是呈现远离状态。与之前的原则一样，越是厌恶，这种远离就越远；而轻蔑则几乎不会出现远离，只会轻笑一下然后把头扭开。

最后，我们说说厌恶反应的语言部分：

在最强烈的“恶心”中，反胃感或者模拟恶心的语气词会代替具体语言，这种强烈情绪会让人失去语言能力；

正常饱满的厌恶语言反应，则会出现“拒听”这种情况，典型表现就是敷衍；

轻微厌恶反应，也就是轻蔑的语言反应，则有可能是不理睬；或者说，当情势允许时，能不理睬、不允许时，则会把焦点转移。很多时候，甚至直接打断当事人——你不能指望一个轻视你的人会尊重你、对你讲礼貌。

厌恶反应的情感来源是拒绝和否定，这也是厌恶反应的核心词。

强烈是愤怒的核心词

愤怒是强烈反应，生活中常见微笑，却很少有微怒。因为愤怒情绪一旦产生，就强烈而难以控制。即使勉强控制住，呈现了压抑式的愤怒反应，但真到爆发之时，也极为强烈。所以，强烈是愤怒的核心词。当事人的一系列愤怒反应中，一旦出现不强烈的征兆，那么就有可能说明这次愤怒是伪愤怒，至少，也是过期的愤怒。

愤怒，是人们最暴烈的情绪。古代有“匹夫一怒血溅五步，天子一怒血流漂杵”的说法，可见，这种情绪一旦发生，就很容易失控，造成严重的后果。

惊讶反应的心理动因是大脑接受意料外事物时，产生停滞，以便寻求处理方式；不安反应的心理动因是大脑接受可能对自己产生威胁事物时，潜意识地逃避；厌恶反应的心理动因是大脑和神经使人们反射性地远离信息源……愤怒反应有没有这样的心理动因呢？

当人们被（或自认为被）伤害，心理失衡，需要一种行为机制使心理重新找回平衡，这种心理机制就是复仇；而当人们在这种机制影响下做出的攻击或准攻击行为，就是愤怒反应。愤怒的反应源是突如其来的，是当事人毫无准备的，所以才足够强烈。一次可以预见的伤害，会令当事人产生恐惧反应或者战斗反应，但不会是愤怒。

所以，愤怒的本质是复仇产生的攻击，愤怒反应的一切表征都是围绕着这种攻击性的。在诸多以情绪为基准的反应里，愤怒反应是最为剧烈的，也是最为耗能的。而对于能量的使用方式不同，愤怒反应可以分成两个形态：积攒能量的愤怒反应、强烈迸发的愤怒反应。

接下来我们对愤怒反应的分析，也会系统地按照这两个形态去讲。注意，之前所讲的都是以反应强度为分析的系统结构，但本节不是。强烈迸发的愤怒未必就比积攒的愤怒要强烈。举个例子，某甲父母被杀，但为了报仇他必须认贼作父，不敢表露愤怒，所以只能积攒能量；某乙在路上散步，被一辆自行车刮到，于是愤怒地揍了自行车主一顿。前者是积攒的愤怒，后者是迸发的愤怒，但绝不能说前者比后者愤怒的程度弱。

积攒能量的愤怒反应

就像刚才所说，父母被杀的某甲必须认贼作父才能伺机报仇，所以他要掩藏自己的愤怒。中国的武侠小说、西方的哈姆雷特，都有这种情节。

积攒式的愤怒发生的环境是，当事人无法痛痛快快地把自己的愤怒倾泻出来。比如场合过于正式、对方过于强大，这些都是无法完全表现愤怒的原因。细心观察此时的人们，我们就可以总结出下面的微反应：

眉毛压低并皱起，上眼睑睁开，下眼睑紧绷呈现凸出感——这也就是我们所说的怒视。这种观察方式能以最合适的方式完全露出虹膜，从而尽可能地观察对方的信息。

面颊紧绷，鼻翼扩大以便于呼吸，过于强烈的怒意，鼻梁部位的皮肤会皱起。

嘴紧抿，下颚靠前，下唇微微凸出，嘴角下压。当怒意过于强烈，上唇有可能张开，露出牙齿示警。而在恨意强烈时，牙齿会用力咬合，出现“咬牙切齿”的状态。

以上就是积攒式愤怒反应的表情部分，也是愤怒反应的整体核心，就是“怒视”：下压的眉毛造成“柳眉倒竖”状态，眼睑上抬，眼袋紧绷。愤怒反应可能会没有鼻部和嘴部反应，但一定会或轻或重地出现怒视。这种狰狞的目光，不只人类会做，一条感受到强烈威胁的狗或狼同样会做出来。

迸发式的愤怒

当场合允许且没有外来的强力压制时，一个愤怒的人可能就会有迸发式的呈现。就像前文所言，迸发式愤怒未必就比积攒式愤怒更加愤怒，实际上，迸发式愤怒和积攒式愤怒几乎一样，唯一的区别在于口部。

迸发式愤怒口部张的很大，常常伴随着怒口，或者是为了愤怒的词句做准备。但要注意的是，迸发式愤怒的情绪倾泻很快，所以口部动作虽然激烈，但持续时间却不长。所以，当一个人嘴部保持激烈的愤怒反应，但你却在他眉宇间看不见愤怒，说明此人在假怒。

而积攒式愤怒和迸发式愤怒的更大区别在于肢体反应。

首先，二者在肢体反应上的共同点是：为了运送能量进行接下来可能发生的攻击行为。

心跳加快，这样脖子就会变粗；

人在看向愤怒信息刺激源时，头部一般会压低——绝没有高昂着头的愤怒——头部压低是一种示警，仔细想想，所有的哺乳类生物在战斗时，也都会把前肢放低；

急促呼吸也是愤怒反应的一种，呼吸加快了新陈代谢，为接下来的攻击补充能量；

身体持续紧绷，一个陷入愤怒的人，身体的每一块肌肉似乎都处在暴发状态，以便更好地打击敌人；

在条件允许的情况下，双腿叉开，迎接战斗的姿态。

积攒式愤怒和迸发式愤怒在肢体反应上也有不同点。

虽然二者都有急促呼吸，但积攒式愤怒往往用鼻子完成呼吸，而迸发式愤怒则更依赖嘴巴的呼吸。

虽然二者都会紧绷身体，但积攒式愤怒的紧绷更加持久和克制，而迸发式的则会做出一些宣泄动作，宣泄动作也是二者之间的重要区别。比如拍桌子、呐喊、直接的攻击行为。当然也有一类动作反应介于积攒式愤怒和迸发式愤怒之间，比如用食指一直指着某人却不做出下一步动作。

由于愤怒的情绪会在一定程度上制约理性，所以愤怒的语言反应特征是短暂的、充满爆破感的，词句多以缺乏逻辑为特征。

而且，一个处于愤怒状态下的人，会情不自禁地使用爆破音进行语言交流。

但通常，积攒式愤怒的人的语言更克制且简短，迸发式愤怒则很具有铺张性。打架的人常常边打边骂脏话，这就是迸发式愤怒的典型案例。

值得一提的是，积攒式愤怒和迸发式愤怒是可以互相转换的，当事人情绪失控，积攒式愤怒就会演变成迸发式愤怒；反之，当事人理性回归，迸发式愤怒也会变成积攒式愤怒。

弱愤怒

前面我们说过，愤怒来源于复仇心态引发的攻击欲望，而复仇心态则来源于被伤害。但当信息源刺激程度达不到“伤害”这个级别，只到了“冒犯”这个层次，那么就会出现次级愤怒反应。

顾名思义，次级愤怒反应实属愤怒反应的一部分，所以次级愤怒反应有着愤怒反应的主要特征，只是程度稍低。

眼部出现了程度不深的“怒视”：眉毛压低，皱起，下眼睑轻微紧绷。这种轻微怒视是一闪而逝的。眼部以外的表情反应轻微不易察觉。

身体紧绷，时间同样不长。

语言不会失控，当人陷入次级愤怒时，他仍然保有理性，但语言却会显出一定的攻击性，说话有些“冲”，民间俗语称“吃枪药了”。

当然，还有一种佯装愤怒，就是假怒。假怒与假笑一样，只有脸部表情，没有眼部表情。而且假怒者的身体虽然紧绷，但很做作，很僵直。愤怒的肢体动作虽然激烈紧张，但很自然。

预估被伤害是恐惧的真正原因

有些人说恐惧源于未知，还有些人认为恐惧的最深源头是死亡。但很多人认为，预估被伤害才是恐惧的真正原因。而一系列的表情上、行为上、语言上的恐惧反应，也都是对这种预估做出的反射性应对。而预估的被伤害越大，恐惧反应也就越强烈。

前文中我们提到了美式恐怖片给人带来的强烈呕吐感，现在换一个风格，回忆一下日本恐怖片：从井里一步一步走向你的贞子，咒怨里从楼梯上一步一步爬下来的小鬼娃……

贞子，你看不见她的脸，她拖着长长的头发，白色的袍子反着惨淡的光，又脏兮兮的，她从电视画面的那口井里爬出来，一步一步向你走来，你感到不安、惶恐，你知道要有不好的事情发生。你想要关掉电视，但遥控器又开始诡异的失灵，你想拔掉电源，却没有接近电视机的勇气。贞子从屏幕里一点一点爬出来：先是那个拖着油乎乎长发的脑袋，然后是惨白的手，她缓慢但笔直坚定地向你一点一点移动……

好了，我们就此打住，这毕竟不是一本恐怖故事集。用心读一读上面那一段文字，把自己带入其中，你会感受到什么呢？

饱满恐惧表情与箭头效应

你知道贞子会对你造成某种伤害，但无论如何你无法对这种伤害做出有效规避，你要像鸵鸟一样躲起来，你要把身上所有的要害藏起来。你可能会大喊大叫，也可能咬紧牙关打战磨牙。这时候，你的恐惧心理已达到饱满状态，而你的恐惧反应也进入了饱满状态。

恐惧的饱满表情是：

眉毛紧绷皱起；皱起之后，前额皮肤会对脸部出现向上牵扯，导致眉毛形成八点二十状；上眼睑随眉毛出现平行运动，内侧上眼睑提升以露出虹膜，外侧上眼睑下垂与眉毛运动平行。

极为令人震惊的恐惧会令当事人闭眼；

鼻翼紧缩，两侧有沟壑形成；

面颊紧绷僵死，嘴张大，并由于面颊的牵扯导致嘴角向两侧延伸，面无血色。

恐惧心态的心理动因，是人们对某信息源有伤害既遂或即将达成判定，但却又无能为力，由此产生的反射性自我保护机制。

这种不自觉的自我保护，是一切恐惧反应的根本原因。

所以，恐惧反应和不安反应的共同点是无力感，但前者对无力感的表现是放弃抵抗，而不安反应的当事人在很大程度上还在寻找解决问题的途径。所以，后者比前者积极。

恐惧反应与愤怒反应一样，都是当事人对信息源产生了伤害既遂或即将达成判定，但当当事人认为自己有战胜对方的能力时，就会对伤害产生复仇性攻击心里，这是愤怒；但当当事人认为自己无法战胜对方时，无力感弥漫全身，恐惧则产生。

至于恐惧与悲伤的关系则更为密切，你可以想象一个人恐惧时和悲伤时的神态，你就会发现，两种反应的眉眼表情部分是近乎相同的。是的，当恐惧信息源造成的无力感消退，伤害已经发生，当当事人理智上可以接受现状的时候，就发生了悲伤反应。所以说，恐惧其实是悲伤的预示，悲伤是恐惧的自然延续。

关于恐惧的肢体反应，人类和动物很像。如果你养过猫，一定会知道，猫在恐惧的时候和人很像：瞳孔缩小，耳朵向后紧紧地贴在头颈上。这其实就是表达了生物在恐惧反应中的形态：屈服。

恐惧反应的肢体动作，呈现一种自我保护的整体冻结姿态和轻微逃离。

身体向后上方轻闪，在颈部和肩部的共同作用下，脖子深埋；

或者抱胸捂脸，挡住要害，或者扭转身躯不让胸腹正对信息源；

同时，虽然焦点可能在信息源上，但却不敢正视；

血液流速冻结性降低，这导致了体温骤降，周身颤抖，严重者心脏停搏；

尖叫，或把手伸进口中——这是恐惧造成的歇斯底里感。

结合愤怒的表情和肢体反应，我发现了人体的一个很有意思的现象，就是表情和动作整体方向的一致性。

至于恐惧，眉间会向上方蹙起，身体也会不自觉地向后轻闪。

再说说惊讶：眉毛高挑，身体也呈现向上提起的跳跃趋势；

而在厌恶反应中，人们躲避信息源的方向和嘴角牵动方向以及眉毛皱起方向是一致的……

总之，在愤怒、惊讶和恐惧中，眉毛像个箭头，总是指明了身体动作的方向；厌恶反应中的嘴角也起到了这个功能。

而且，这种动作方向一致的表情运动和肢体运动都是同时发生的，我们称其为箭头效应。箭头效应是一个人做出某种表情是否和谐的重要原因。

这种身体的联动性和一致性很多，在我们进行微反应测谎的时候，很有意义。

表情以外的恐怖反应

结巴，是恐惧反应语言部分的核心。人在陷入恐惧时，思维陷入停滞，潜在的表意欲望为零，即恐惧是最阻止人表达信息的情绪，所以，恐惧对语言能力的削弱也是最强的。

除此之外，微动作反应绝不仅包含表象反应本身，皮肤颜色的变化、血液流速都可以作为微表情的依据。

我在“维基解密”上看过一份退休的中情局探员办案录，现在想想还不禁为他的机智喝彩。

美国中央情报局负责美国国家安全，很多中情局探员都是有军衔的。卡莱普顿中校就是这样一名军人探员。在20世纪70年代，苏美争霸越演越烈的时候，一份墨西哥湾布防计划泄露了。能够接触到这份计划的美军高层，任何一个人如果变节，都会对美国造成严重损失。

克莱普顿中校负责排查泄密者。

经过多日调查，他把目光瞄准了一位五角大楼发言人——卡诺尔少将。

卡诺尔少将参加过二战和朝鲜冲突，为人豪迈，是个典型的美国人，后来成为高官，在军政两界很受欢迎。

两人约见的时候，卡诺尔少将依然风度翩翩地回答着卡莱普顿的问题：他表情严肃，姿态沉稳，语气坚定，单从表情、动作、语言上看不出任何问题。

而在约谈接近结束的时候，克莱普顿中校对卡诺尔少将行礼握手道别，这时候他突如其来地问了一句：“你认识某某将军吗？”

（据揭秘资料介绍，某某将军是克格勃“针对北约国家军事人员策反事务”的主管，这个名字还没有解密，我猜测可能他本人之后也变节，在美国申请了政治避难，美国政府出于安全考虑没有对他名字进行解密）。

卡诺尔少将闻言，虽然表情几乎没有变化，但瞳孔骤然收缩，持续的笑容也出现了轻微停滞，但他很快泛起自己的眼球，做出一副轻微回忆思考状，并回答道：“在一次对苏秘密换俘会议上见过，他很强大、很机智。其他的我就不能告诉你了中校，恐怕你的级别不够。”

中校满意地点点头：“好的，我知道的已经够多了，先生！”

中校走后立即申请对少将的全面监视和调查，三天后就发现了他通敌的证据。

克莱普顿中校只见过一次卡诺尔少将，并且他的搭档全程观摩了这次约见，没有在少将脸上发现任何破绽，所以不明白克莱普顿为什么如此笃定少将就是泄密者。

克莱普顿笑着解释：“我与他握手的时候，问了那个问题。”

搭档摊手：“是啊，我发现他表情有几微秒的僵直，这可能是说明他惊讶于你为什么这么问，并不能说明其他问题。”

克莱普顿：“是的，但我握着他的手，感到他的手忽然很凉——他怕我提及某某将军！”

看，当你吃透这本书，明白每一个微表情、每一个微动作、每一个微语言的成因，你就会明白金庸先生“草木飞花皆可为剑”的境界。

当然，与其他情绪一样，恐惧感也是分强弱的。弱恐惧介于恐惧反应和不安反应之间，弱恐惧的人，表情和肢体动作剧烈程度有所降低，但整体一致性绝不改变。也就是说，有多大程度的恐惧表情，就有多大程度的肢体动作。弱恐惧的人应该还留有一些语言能力，就会出现求救和求饶的语言。

综上，恐惧发生有两种形式：现在进行时和突发性恐惧。

现在进行时恐惧，如孩子打针、一步一步走向你的贞子——日式恐怖电影格外善于塑造这种绝望感——这类恐惧往往比较单纯，持续时间很久。

克莱普顿对少将先生最后的提问则属于突发性恐惧事件，“吓了我一跳”就是突发性恐惧的典型方式——惊惧、惊讶与恐惧的结合。这类恐惧，由于时间短，突如其来，当事人往往来不及做表情，即使心理素质极好的人（如那位少将）也未必能通过理智掩盖这种惊惧。

悲伤反应的四个类别

当人们对伤害产生预估时，会造成恐惧；而当人们认为自己已经被伤害时，会产生悲伤。每个悲伤的人，都有被伤害的感觉，而哭泣、持续平静的悲伤、遗憾、悔恨，就是这种被伤害感觉的外在表现，也就是悲伤反应的四个类别。

在上一节中我们说过，恐惧是悲伤的预示，悲伤是恐惧的自然延续。二者有着亲密关系，但不代表它们之间一定会互相转换。完全摆脱恐惧境地，会有劫后余生的喜悦，而悲伤也不完全出自恐惧。

实际上，如果说被伤害的无力感使人恐惧，被伤害后的复仇性攻击使人愤怒，那么，被伤害本身就是悲伤的感情根源。

所以，悲伤往往会伴随恐惧和愤怒，因为三者都跟“被伤害”有着很大的关系：父亲得知儿子死于杀人狂之手，会既悲伤又愤怒；一个看见父亲被白蚁吃成骨头的儿子，会既悲伤又惊恐。

那么，有没有纯粹的悲伤呢？其实是有的：当信息源造成的伤害不足够危险、事态的发生使自己寻找不到复仇的对象时，单纯的悲伤就产生了。单纯的悲伤一般有两种形态：一种是哭泣，另一种是平静悲伤。

饱满悲伤——哭泣

当悲伤得以发泄出来的时候，就变成了哭泣，所以哭泣是饱满悲伤的表现。哭泣微表情的反应是：

皱眉，双眉之间呈现直立皱纹，眉毛扭曲；眉形与恐惧反应很像，但眉毛纠结得更加厉害；

眼睑呈禁闭趋势，哭泣时颅腔压力会产生剧烈变化，闭眼会保护眼球；

面颊肌肉牵动嘴角裂开，在诸多表情中，哭泣是咧嘴程度最大的，会形成法令纹；

双唇贴在牙齿上，上唇向上用力提升，下唇适度下降，并呈现W形曲线，这种W形曲线是哭泣表情特有的；

下巴紧绷，下巴表面凹凸不平，像一把锉刀表面一样。

与大多数表情反应一样，伪造哭泣也只能伪造嘴部，所以当一个人（孩子尤其如此）只用嘴巴扯着嗓子哇哇大哭时，你就可以判定这是个伪哭泣了。

哭泣时，面部抽泣应该是无规律的，呼吸是紊乱的，为什么呢？

哭泣几乎是所有基础负面情绪里唯一一个没有任何能量控制的。恐惧虽然也是一种主观失控状态，但因为恐惧从另一个角度上来说是一种示弱，所以恐惧反应还是本能地在约束能量。

但哭泣不同，哭泣时人的呼吸是抽搐性的，没有丝毫规律性和均匀性可言，身体则呈紧缩趋势，哭泣的人都有无助感。所以这种紧缩与恐惧反应的肢体紧缩很像，但是恐惧反应的紧缩更加强烈，因为恐惧的紧缩有示弱和保护两种具体用途，而哭泣时紧缩是使能量放任流逝后自然收缩。所以，当悲伤遇见其他情绪，如愤怒的哭泣时，人的肢体会由于愤怒而出现攻击姿态，而不是蜷缩姿态。关于表达行为和意图的具体微反应，我们将在后文讲到，现在我们回到悲伤情绪上。

根据哭泣的放任能量特点，我们可以很轻松地识别怎样的哭是假哭。比如哭丧，吸一口气用0.8秒，然后哭号用3.2秒，一个熟练的哭丧者，做100次哭号会都是这个节奏——而节奏感是哭泣最大的破绽。试问，一个完全放任式的动作怎么会有节奏感?

哭泣的人会失去语言能力，负面情绪都会或多或少地削弱人的语言能力，但哭泣削弱得尤为明显。当出现恐惧反应时，人可能会由于求生欲望而出现恳切的求饶话语，但哭泣只能用基本表意和“哇”这种语气词来辅助悲伤。

哭泣的时间长短很大程度上体现了一个人的悲伤程度，而由于哭泣放任能量的流失，所以一个人在长时间哭泣后会出现脱力感。我记得小时候有一次被同学冤枉，十多个人作伪证指证我，我哭了两个小时，最后手脚抽筋了才作罢。

我们再来介绍一些哭泣中的“另类”。

抑制的哭泣：紧闭双唇，甚至用手捂住嘴不出声，所以眉眼之间的反应更加剧烈。

与愤怒相比，在不能哭泣的场合，人们往往习惯捂着嘴。但请注意，对一个十分注意自己仪态的人来说，任何场合——就算是酒吧里——他都要端着绷着，笑不露齿，哭自然也不能露齿。

小孩子的哭泣很多时候都呈现出过于明显的节奏感，这是因为在他们的思维中只要哭，大人就会满足他们的要求。所以很多孩子会养成这样的习惯，通过哭泣来让父母屈服。所以，想要搞好育婴工作，就要尽量不在孩子哭泣的时候才意识到他有需求。

消极平静的悲伤

平静悲伤是悲伤的另一个表现形式。实际上，平静悲伤的悲伤程度往往并不弱于哭泣，只是很多原因使当事人无法哭出来。但哭泣作为悲伤的最有利发泄渠道，如果无法达成，当事人陷入了平静悲伤，反倒是更加辛苦。所谓“此恨绵绵无绝期”，就是这个道理。

平静悲伤反应有以下特征：

面部整体木然；眉头轻皱，并有轻微扭曲；嘴角下垂。

身体松垮，双臂可能出现无力的下垂，身体呈现轻微佝偻。

语言无力，反应呈现万念俱灰感，消极用词的语言倾向明显。

这种悲伤的人，身上带着明显的晦暗气质。在生活中你一定见过这样的人：他常常连腰都挺不直，抬胳膊的时候手腕关节也是下垂的，仿佛对他来说地球引力足足有1000千克；他的语气永远不紧不慢；他的眉头有轻微的皱起，眉宇间洒落着无尽的忧郁。

芝加哥爱乐乐团的指挥本杰明·赞德先生，曾经讲过一则故事，完美地诠释了两种悲伤的关系。

20世纪末，赞德先生在爱尔兰交战区域做公益演出，在一次即兴独奏上，他弹奏了一曲肖邦的夜曲。肖邦特有的悲伤让在场的战区灾民纷纷落泪。

第二天，当他再一次来到难民区的时候，一个10岁左右的小男孩过来表示感谢，他说：“我哥哥去年被当兵的炸死了，不知为什么，我哭不出来。但听了你的购物曲（肖邦的英语发音与购物‘shopping’很像），我回窝棚的路上一直在流泪……那种感觉……你懂得……就是那种感觉。”

顺便提一句，赞德先生一直致力于推广古典音乐，用他的话说：世界上有3%的人热爱古典乐，如果这个数字变成4%，那么将不会再有战争。

言归正传。

这个10岁的孩子没有仇恨和恐惧，只有悲伤。一开始，由于诸多原因，如战乱，他无法通过哭泣发泄悲伤，于是，他每天都在回忆哥哥的死亡，除了逃命之外，他无精打采，心里空落落的。

直到肖邦的曲子让他哭出来，悲伤得以发泄，他才能重新面对生活。实际上，夜曲就像催化剂，而他的悲伤情绪本身依然来自哥哥的死亡这件事。

平静悲伤耗能较低，所以持续时间非常长，这种心态对人的身心健康极为不利。在世界绝大多数国家，女性都比男性活得长，往往就是因为遇见悲伤的事情时，女人可以哭出来，男人只能憋着，久而久之，抑郁的生活状态会加快老化速度，男人衰老得也就更快。

平静悲伤和哭泣相比，更为悠长，对身体伤害更大。那么，如何从平静悲伤走向哭泣呢？其实，平静悲伤的本质是在心理上对事物还没有接受，而哭泣则是接受悲伤事物的开始。

举个例子，我看过一档婚恋节目，把有裂痕的夫妻请到舞台上，双方把出现的矛盾和一切不满都说出来，再请嘉宾做点评，请学者和专家来判定两人是否应该继续在一起，并给出意见。最终由两人共同选择结果。

有一对夫妻已经结婚6年。女方事业心重，眼光很高，大学四年没有谈恋爱，读研前期才认识了已经研二的学长，也就是现在的丈夫。

他们恋爱之后，发现对方各方面都与自己非常合适，有共同的兴趣爱好，感情也很深厚。学长毕业后，两人结婚，并共同经营了一家公司，越做越大，发展为一家有近百名员工的中型企业了。七个月前，公司陷入危机，两人开始焦头烂额，温存的时间几乎没有。

但不到一个月，公司就走出了这次灾难。妻子却惊讶地发现丈夫对自己越来越冷淡了，不久前甚至提出了离婚。

妻子当然不愿意，所以力图挽回。她看向丈夫的表情一直很悲伤，看得出来，丈夫提出分手已经不是一两天的事情了，这让她很伤心。

在舞台上，她不承认两人感情破裂，只认为发生了阶段性的问题。

直到丈夫问她“你是否还毫无保留地爱着我”时，她回答了“是”。

这令现场的嘉宾学者们纷纷责怪丈夫：这么好的妻子你上哪去找，还不低头认错拥抱妻子，手牵手回家？

丈夫冷静地对妻子说：“你说谎！”

这激怒了妻子，她开始愤怒了起来，如果不是主持人拉着，她可能会对丈夫施以家暴。

丈夫见妻子失控，缓缓地说：“我查到了你在转移财产，我知道你的财产总量，实际上只是你现在总财产的三分之一，对吧？”

妻子闻言条件反射地说了一句“你怎么知道”，紧接着眼神中开始出现恐惧。

丈夫接着说：“七个月前，我们的公司陷入危机，你和吕律师的谈话，曾问过他这个问题：如果选择跟我离婚，是否能保护你的那份（财产）。我开始怀疑你、对你不好，也是从七个月前开始的。”

妻子像抽空了力气一般，险些跌倒在台上，回过神后已经开始流泪，然后捂着嘴跑出了摄制组。

妻子不爱她的丈夫吗？不，她爱，否则不会那么伤心，也不会那么努力地想挽回。只是没有毫无保留地爱，并且仍然做出一副“毫无保留地爱着你”的架势，可能在丈夫看来，这与说谎没有区别。但她并不接受自己说谎，并且仍然认为自己毫无保留地爱着自己的丈夫，两人只存在可以解决的问题。这种不接受的心态，是她一直以来抑郁悲伤的源泉。直到她哭了出来，相信在痛快地哭一场之后，她会选择离婚，并开始新的生活。

遗憾与悔恨

诗人张枣在那首不朽的《镜中》如是说：只要想起一生中后悔的事/梅花就落满了南山。

我记得前两年，在一个国内知名论坛上，曾出现了这样一个帖子：如果让你穿越回2000年，告诉当时的自己一句话，你会说什么？下面的跟帖数据达到了天文数字，这里摘录几个有代表性的：

我要告诉自己，遇事冷静别冲动，否则没有好果子吃。

我会跟自己说，把那只股票尽早卖掉。

别那么相信他，别对他那么好，不值得。

千万别对她防守，否则你将痛苦一生。

那是你最好的朋友，别伤害她。

对爸爸妈妈好一点，因为他们并没有多长时间了……

几乎所有的话，或涉及金钱，或涉及事业，或涉及爱情、友情、亲情，看似各有不同，但实际上都表达了一种相同的情绪——悔恨。那么，什么是悔恨呢？悔恨就是当事人对自己曾经的某种行为持否定态度，但由于时过境迁无法做任何弥补所以产生无力感，这种无力感造成的浅悲伤情绪，就是遗憾。

遗憾是一种类似悲伤的情绪，其产生来源于无力感而非信息源本身的刺激。遗憾反应在形态上类似平静悲伤，但程度极轻，语言上会出现轻度感叹。

单纯的遗憾并不能给人造成太大的信息刺激；但是，当遗憾的对象本身也对当事人形成悲伤刺激的时候，悔恨就出现了。

悔恨是平静悲伤中的典型变体。当一件过往的事情依然可以记忆犹新时，说明信息源本身就已经给了当事人足够的悲伤，并且是一种典型的平静悲伤，因为引发悔恨情绪的信息源已经是过去式，当事人对于信息源无能为力。信息源本身的悲伤和对信息源的无力感，是悔恨情绪的双重悲伤来源。

根据悔恨信息源的程度深浅，悔恨反应可以由轻度平静悲伤一直过渡到哭泣。但是，因悔恨反应而产生的哭泣不会令当事人走出悔恨，这就是悔恨不同于一般平静悲伤之处。

在一般的平静悲伤中，哭泣是可以解决问题的，但悔恨却无法解决问题。因为即使你哭泣了，只要事情无法解决，你就依然会对以往的事情产生无力感。

中国人在安慰悲伤的人时，最习惯说“请看开了”，所谓的看开，就是当事人单方面的思维反射：当我们对信息源无能为力时，就只能看开。

愉悦是人的基本情绪

当人们对信息源的认识满足或超过他们预期时，就会产生愉悦心理，在这种心态主导下，人的能量运作更快，充能更完全，由此产生的一系列反应也都是充满积极能量的。当下流行的“正能量”，其实就是对愉悦反应的某种阐释。

愉悦是人的基本情绪，也是本书讲到的第一个正面基本情绪。

人在婴儿时，首先学会的是哭泣：当脱离母体那个环境后，进入一个相对不舒适的环境时，婴儿开始哭泣。但是当他接受哺乳之后，嘴唇吸吮的快感让他实现了自我满足，这时，他学会了人生中第二个情绪——愉悦。

之后的几十年人生的目标，就是为了这种满足感的存续：有的人能从美食和美女身上得到满足感；有的人只要活着就能有满足感；还有的人从思考“人和宇宙的本质”这种问题上得到满足感，他们最终成了哲学家……但无论如何，由获取满足感所产生的单纯情绪，就是愉悦。

饱满单纯的愉悦反应，就是笑。

婴儿在不懂得愉悦是什么的时候，就会笑。婴儿的笑容，是单纯的愉悦反应。但人在长大之后，明白笑是表达善意的最快捷手段，所以即使心中没有善意也会挂上笑容。

人们学会伪装的第一个表情是哭，通过哭来从监护人那里获取食物——孩子们热衷于耍赖，究其原因就在于此。长大之后发现，为自己不存在抚养义务的人哭，几乎毫无用途。于是，年轻的孩子学会了伪装第二个表情：笑。这一项本领将会受用一生。

看到熟人即使你想不起名字也要挂上寒暄的笑；与领导谈话即使你很不喜欢他，但也要笑；朋友讲了一个不好听的笑话，你为了不让他失落，还是要笑；当你负责某项接待工作时，接下来的8小时你将对着一群大腹便便、毫无风度的人笑到面瘫……

或善意，或牟利，总言之，人的假笑越来越多，我们也需要识别越来越多种形式的笑。我们要认识笑、明白笑、识别笑：一来不要被虚伪的笑容感动；二来也是为了避免在心灵麻木之后错过真挚的笑容。

你是否能回忆起来下面的一些画面：当咿呀学语的幼儿第一次叫爸爸妈妈时，他父母的样子；当你讲了一个成功的笑话时，你朋友的样子；当你为你的老板创造了数百万元利润时，你老板的样子……

在绝大多数情况下，以上画面都可以看成我们研究饱满笑容的模板。一个饱满的笑容，其面部运动有如下特征：

眉毛松弛呈自然拱形，前额平缓放松；

下眼睑凸起，提升，下眼睑以下会出现笑容特有的沟纹；

眼角内外侧皆有皱纹；

上眼睑微微闭合，配合下眼睑使眼部出现闭眼趋势，这是因为大笑同样产生痉挛式呼吸，所以需要闭眼保护眼球，与悲伤反应生理原理一样。

由于颧部肌肉的运动，导致嘴角向上、侧后方牵扯提升，面颊会隆起；

上下唇完全张开，近乎完全露出牙齿；

下巴自然地向两侧完全展开，使嘴角形成很长的沟纹，与鼻翼沟纹连接，形成大笑特有的长沟纹。

相比其他表情反应，大笑有哪些特别之处呢？

首先值得一提的是，颧肌。

颧肌是笑容“专用肌肉”，不信你现在做一个笑容，仔细感觉一下颧骨附近，是否有比较明显的紧绷感。而在其他表情里，这种感觉是找不到的。

颧部肌肉会牵动嘴角，压缩下眼睑，而下眼睑的运动也使得笑容很独特。面带笑容时，眼部会眯起来，恐惧和悲伤也会这样，但前二者是由于上眼睑的运动使虹膜裸露的范围变小；而面带笑容的眯眼，则是因为下眼睑主动闭合，上眼睑只轻微闭合。这是笑容的又一个独特之处：闭眼从下往上完成。

笑容的第三个独特之处仍然与颧肌有关。不安、厌恶、愤怒、悲伤或许都会令人的嘴角两边产生一个若有若无的“括弧”，但笑容所产生的“括弧”是最大、最完美的：从鼻翼一直延伸到接近下巴。这是因为颧肌的位置比较靠上，而笑容的面部运动的力源在此，从脸的中部发力到达下部，反应纹路自然大而完整。

当愉悦感的信息源不足以使人大笑时，当事人会出现不饱满的、次一级的笑容。我们以微笑为其中个案，来分析次级愉悦：

下眼睑紧绷上提，导致眯眼；

面颊紧绷皱起；

嘴部微弯呈弧度。

这是微笑的特征，微笑与大笑的最大区别是笑不露齿。也就是说，微笑时嘴是抿起来成一个弧线的。其实，微笑可以看成一个基础的大笑，把大笑的全部表情程度减弱之后，就是微笑。

换句话说，无论怎样的笑容表情，必须有这三个要素：下眼帘紧绷上提导致眯眼；面颊紧绷皱起；嘴部微弯呈开口向上的抛物线。三者三位一体，同时出现，同时消失。如果不同时出现，除非对方有面部肌无力，否则笑容作伪；如果不同时消失，则说明笑容至少在后半段有强撑的成分。

我们再来讲讲愉悦身体的动作反应。关于这部分，我们有一个好消息和一个坏消息。坏消息是，微笑几乎没有任何可以正常观测到的肢体反应；好消息是，大笑的肢体反应应该和表情反应同步，否则判伪。也就是说，一个哈哈大笑的人如果没有相应的肢体反应，那么他必然是假笑。当然，生理疾病者排除。

首先我们必须明白，愉悦心态是充能器，让人充满力量。这与悲伤正好相反，但大笑与哭泣的相同点是，都在放任能量流失。当你的朋友向你推荐优秀的情景喜剧时可能会说“不要在喝水的时候看”，这其实就是因为，大笑时人也会发出强烈的抽出式呼吸，无法控制，这也是大笑同样不控制能量流失的原因。

强烈的抽搐会令肌肉呈现紧绷，进而出现不规则摇晃和颤抖；

大笑会出现耸肩动作，这与嘴角的上扬动作互成箭头效应；

大笑之后会出现脱力反应，重者需要扶着膝盖来恢复体能，轻者会有几次深呼吸。

其实，关于笑涉及的内容太多了，其他的如窃笑、压抑的笑，这些复杂笑容同时也传达了复杂的心态。但本章只讲较为单纯的情绪。

纯粹骄傲心态的本质是自我肯定

单纯的骄傲反应，并非是针对他人的炫耀，而是一种强烈的自我认同。在这种自我认知下，其他人的存在和观察其实并没有太大意义。如果一个人建立自我认同时，过于依赖他人的看法，那么只能说明这人外强中干。

“集体荣誉感”这个词相信大家都不会陌生：当你所在的班级获得了运动会第一名，即使你不是运动员，也同样有荣誉感。

这种荣誉感就是一种骄傲心态，当你的荣誉感来源不是集体而是自己，那么就变成了纯粹的骄傲。换句话说，纯粹骄傲心态的本质是自我肯定。

所以，本节中的骄傲并非大家认为的贬义词“自负”，也不是大家认为的褒义词“自信”，而只是一种描绘情绪状态的中性词。

首先我们必须区分骄傲和愉悦有什么区别。

愉悦来自满足感的获取，而骄傲的本质则是自我肯定。自我肯定可以获得满足感，但满足感未必都是由自我肯定获取，这是愉悦区别于骄傲的地方。而自我肯定除了满足感之外，还会产生其他情绪碎片，这是骄傲区别于愉悦的地方。

所以，一个进入纯粹骄傲心态的人，应该会有表达微弱愉悦的微笑，而不会出现大笑。所谓“成功人士的淡定”，说的就是这种情况。当然，这是广义的长时间的骄傲状态，而具体在出现微反应时的骄傲，往往是因为当事人面对的信息源就是能够让自己实现自我肯定的事物。

所以，饱满纯粹的骄傲有一个关键词：风轻云淡。

上眼睑松弛，虹膜被遮住部分较大，隐含意为：尽在把握之中，不需要再仔细观察；

面颊松弛，因为不需要充能，所以没必要紧绷；

嘴角带着若有若无的笑容，这是自我肯定后产生满足感的表现。

一个不完整的微笑，加上一个享受和陶醉，就是单纯的骄傲。因此，这种骄傲一旦在不合理情境下出现时，会让人接受不了：这是一个很容易被人误会成轻视的表情。

而区分轻视和骄傲很简单：轻视是有具体的信息投射客体的，"我轻视你"，那么"你"就是客体，"我"看"你"的目光就会呈现出这种凌驾式的骄傲；而单纯的骄傲是没有客体的，或者说，单纯骄傲的客体在当事人自己心中：自我满足并不需要其他人来对比。

其实，骄傲是优越感的来源，一个通过骄傲生成优越感的人就是用这种态度面对一切的，而所谓的贵族风度和这个很像。

当然，这个过程可以反过来，就是通过优越感满足骄傲。这其实就是凌驾他人之上的骄傲：凡是觉得他人不如自己的，才能显示自己的高大。这并不是单纯骄傲，而是一种自负，我们会在后文具体讲解。

骄傲的肢体反应，核心重点在于能量的常态不调动。可以说骄傲反应是所有基础反应中最为接近原态反应的：既不会有负面消极产生的压抑感，也不会过多放任积极情绪产生的狂喜。所以，一个真正骄傲的人，肢体动作永远得体。

为什么在古代欧洲，贵族们都要从小培养孩子待人接物的一举一动，其实就是让他们从小对这种单纯的骄傲耳濡目染。

当然，所谓的得体也是因人而异的。一个从小在土匪窝长大的孩子，在完成了自我肯定之后，即使面对一群大贵族依然能够跷着二郎腿，这是得体；一个书香门第出来的才子，完成自我肯定之后，即使在土匪窝里，依然能够潇洒地弹掉落在自己肩膀上的灰尘，这也是得体。

骄傲的语言，会令人出现强烈的个人风格：谦卑也好，霸道也好。因为一个人完成了自我肯定之后，会对自己深信不疑，所以他不认为自己的语言需要模仿，而脱离模仿正是自我风格的形成。

当然，有很多不纯粹的骄傲和虚假的骄傲，比如前文说的自负、讥笑和不屑……这些或许有骄傲成分，但都不是纯粹的骄傲。

耻辱感发生的两个要件

对自己的负面认知和“羞于被他人窥视”，是耻辱心态的两条线索，而这两条线索也就是耻辱反应的表现。当不希望被其他人窥视时，当事人做出捂脸之类的羞耻性动作。而在某些情况下，当事人也会努力让自己变得更好以走出负面自我认知，这也就是所谓的知耻而后勇。

在学生时代，你一定对经常被老师批评的同学不陌生，你还能否清晰地回忆起他在挨批时的样子？他一定会低着头，面带羞愧，一声不发。而此时，这位同学的心理状态就是耻辱的。耻辱是当事人认为大众看待自己的评价为负面时，所产生的自我厌弃。

也就是说，耻辱感的发生，有两个要件：一是有特定观众；二是当事人对自己的行为有耻辱性认知。

在没有观众存在的情况下，耻辱感是不存在的。据说一个具备极高道德感的人会达到“慎独”，也就是在只有自己在的时候，也会为当前的行为感到耻辱。但我们毕竟还是凡夫俗子，我们的耻辱，都是因为有观众的存在。

关于耻辱性认知，我格外地感同身受。小学三年级的时候，坐在我前面的女生站起身弯下腰整理桌布，腰露出了一大片。我傻乎乎地站起来拍了拍她露出来的腰，本想提醒她“别凉着”。不想她回身就给我一巴掌，并骂我流氓。那时候我大脑的词库里真没有“流氓”这个词，所以很疑惑她为什么要恩将仇报。但周围同学，尤其是女生们的窃窃私语让我很有些抬不起头来。所以，虽然不知道什么是流氓，但至少知道女同学的身体是不能随便碰的，就算是好心也不行，因为我的同学使我对这种事产生了耻辱性认知。

而明白了耻辱的成因，对耻辱反应的推测也就顺理成章了。耻辱的两个要素：耻辱性认知和观众。前者是无法通过客观手段来消除的，除非失忆。所以，耻辱反应的全部依据，就集中在规避观众上——如果不让观众看见我，那么就不耻辱了。

饱满的耻辱反应，面部表情很复杂，你会在他的脸上看到悲伤和厌恶的结合，几乎无法作伪。

耻辱的主要动作是低头和缩肩，这套动作，其实就是为了把头藏在身体里，使观众们无法察觉到你的存在，以此减轻耻辱。

饱满而单纯的耻辱中，当事人往往不会说话，这并不是因为耻辱反应本身剥夺了他们的语言能力，而是耻辱会让人自觉地避免成为他人注意的信号。所以，即便说话了，声音也会很低。

总之，当你观察一个人的一切表情、动作、语言反应时，都配套地显示出“不想让其他人发现”的一体感，那么这就是真正的耻辱反应。俗语说“恨不得找个地缝钻进去”，就是对这种反应的精彩总结。

而轻度的耻辱，是怎样的呢？

我们在前几节分别用美国和日本的恐怖片来论述问题，在这里，我们再用一类电影——韩国喜剧来论述此问题。

在韩国经典爱情喜剧片《我的野蛮女友》中，有一个很经典的桥段：女主角强迫男主角穿上自己的高跟鞋走路。男主角于是傻乎乎地穿着高跟鞋，一瘸一拐地走了很久，周围的人都对此投以异样的眼神。

看，韩国喜剧最惯常的手段就是尴尬，各种各样的生活化的尴尬。其实，不只韩国喜剧，郭德纲先生的段子里，也出现了类似的笑料，我们挑选一则出来：

话说几个朋友半夜三更去公共浴池里泡澡，不料洗澡之后发现衣物被偷，这可了不得了，总不能光着腚出去。愁眉苦脸之间，最聪明的那个朋友忽然说："怎么不能，现在凌晨三点大街上又没有什么人，就这么出去也不会有人看得见。"几个朋友想了想，觉得也对，于是，就各自赤裸着身体，走在大街上。一开始，大家还很有些拘谨，后来发现空荡荡的大街上，除了路灯和树就只有他们几个人。慢慢地竟一个个开始兴奋了起来：赤身裸体走在大街上的机会可不是经常有的。于是，哥几个放肆起来，又唱又跳的，赤裸着身子好不痛快。谁知，几人正玩得"嗨"的时候，迎面走过来一大群人，目测有上万人，看举着的标语这才知道：原来是欢庆申奥成功的游行队伍！几人目瞪口呆，大街上根本没有可以躲的地方。这时，又是最聪明的那个人，忽然灵机一动，掐着嗓子对那群同样目瞪口呆的游行者喊道：哇！你们地球真好玩，地球人真多啊！

无论是韩国戏剧还是郭德纲的相声，都巧用了尴尬，俗语叫丢人。其实要掌握这个度很不容易，如果程度太轻，那么不会引人发笑；而程度太重就会由尴尬变成羞耻，让人笑不出来。由此我们也可以明白尴尬的属性——轻微耻辱。

当然，尴尬有耻辱的所有要件：耻辱认知——一个人必然对当前的自己或当前发生的事情产生不快或不协调感；观众——独处的时候很难产生尴尬。但尴尬要比饱满的耻辱反应轻很多，脸上不会出现纠结不清的厌恶以及悲伤状态，反而是不安反应重一些。而对肢体上，会呈现出一定程度上的躲避，但不会"找个地缝钻进去”。由于尴尬反应的信息源刺激不强，对思维扰乱不那么重，所以尴尬反应的当事人也不会忽然噤声，反而可能急中生智地说出类似“你们地球真好玩”的话。

尴尬与耻辱之间的界限是主观的，甚至耻辱和原态反应之间的界限也是主观的，要视当事人的心理承受能力和耻辱认知度来定。就拿裸体在街上走这件事来说，如果是一个泼皮无赖，可能只会觉得尴尬，而一个未婚女孩就会感到羞耻，甚至要自杀。

耻辱反应本身是一种复杂反应，耻辱情绪也很复杂，但它也可以与其他情绪结合。比如，当一个人在耻辱中受到伤害，可能同时发生耻辱和悲伤；而当一个人对这种伤害有能力反击时，也就会出现愤怒的耻辱，所谓知耻而后勇。

耻辱是人类独有的感知，《圣经·创世纪》里面对此有隐隐约约的解释：亚当和夏娃一开始居住在伊甸园，两人赤裸，但并不以此为耻。直到两人被忽悠着吃了善恶果，才知道耻辱，从此穿上了衣服。其他生物没有羞耻这种复杂的感情，也就没有相应的复杂反应。

最后要指出的一点是，耻辱是有持续性的。当你经历过一件耻辱到想让你自杀的事情时，这件事情即使过了几十年你也忘不掉。韩信对项羽的所作所为，很大程度上就是因为当年受了胯下之辱。

但是，这种持续性其实很不健康。长时间沉浸在自己制造的耻辱感里，会产生严重的自卑。其实，我们中华民族就有这种自卑情结，由于一个多世纪以前的历史过于耻辱，被各国列强欺压，导致了这么多年以来，国人似乎一直在耻辱中活着；即使中华人民共和国成立后，那时的中国人见了老外也会自觉矮了一头。

这些年，中国人取得的成绩越来越被瞩目，也越来越被老外们所认同，但仍然在骨子里有些唯西方论。我经常在网上看到“看，美国人都说我们好”这类的言论，似乎美国人说他好，他才有了好的资格。我们在很多领域，如体育竞技，力争压倒西方，以洗刷一百年前的耻辱，证明自己的强大。但就是这种“凡是都要和西方人争个长短”以及“西方人说好才是真的好”，才恰恰是自卑的另一种体现。

一个真正的强者心态，我认为应该是这样的：我努力做到我所能做的，是为了让自己更好，而不是战胜其他人；我不歧视其他人，所以不认可其他人的歧视；如果别人对我提出意见，我虚心接受并审视自我；但是，我相信我能做出好的事物，而这种好，并不需要别人认同。

7 Chapter 7

揭秘微动作背后的意图

人类的冻结反应

冻结反应的成因是“具备一定强度和不可预测性的信息刺激”，当事人需要冻结以便自我保护并思考下一步的动作。冻结反应是人类仍然遗留的诸多动物本能之一，因此，我们甚至可以从很多动物身上找到冻结反应的某种同理性。

绝大多数脊椎生物在某种条件下，都会出现运动节奏的停滞，这种停滞被称为冻结反应。羚羊在闻到血腥味时会把正低垂在草丛里的头抬起来，机警地观察四周。它会紧紧地注视着味道飘来的方向，调整呼吸；当确定有危险时，它会把身体缩起来，紧绷肌肉，吸一口气，腿部向相反方向偏移；当狮子露面时，羚羊会以迅雷不及掩耳之势逃走。

仔细观察缤纷多彩的生物进化史你就会发现，每一种生物的进化都有两条原则：趋利、避害。而关于避害的进化，却有不同方向：马为了躲避狮子越跑越快，这是逃离式选择；雷龙为了防御跃龙的血盆大口，进化出了尖利庞大的角盔，这是战斗式选择；但还有一种进化方式，却是所有脊椎动物与生俱来的、并且永不磨灭的本能，那就是冻结式选择。甚至，有些生物的主要避害手段就是冻结，而为了配合冻结，它进化出了令人类惊叹的伪装能力，如变色龙。

人类的冻结反应，同样深刻地印在我们的本能里；但与动物不同，人类的社会成分、接受的信息刺激、情绪的反应都比其他动物更加复杂和多样化。所以，人类的冻结反应也绝不仅是避害手段。人类的冻结反应分为短冻结和长冻结。

短冻结

人们由于某种原因，出现了违反常态运动节奏的停滞，如果这种停滞存续时间短暂，且只停留于潜意识，即为短冻结反应，也称潜意识冻结。短冻结反应有一外一内两个成因：第一个成因，外界的刺激源刺激使人产生情绪波动，导致短冻结；第二个成因，当事人自己产生了某种情绪波动而产生冻结。

其实，第一个成因，就是惊讶情绪。当信息源的信息刺激达到一定强度时，短冻结反应发生：眼睑放大，虹膜张开，瞳孔微缩；由下颚带动嘴部张开，出现急促吸气；肢体运动出现骤然停滞；发出短促、简单、单音节居多的疑问语气词。

而当人们对信息源认知发生了更加具体的认识时，则短冻结发生改变，如：当信息源在审美角度上符合当事人审美观点时，则当事人会出现求爱反应；当信息源对当事人造成威胁时，则可能出现战斗反应或逃离反应；当信息源在意向上与当事人一致时，则会出现同意反应……

由惊讶引起的短冻结可以看成是蓄势待发的预备动作。当当事人收到足够的信息刺激时，绝对会产生冻结反应。当然某些训练会把冻结反应降低，但只要你仔细观察，就一定能发现某种征兆。这种惊讶如果持续时间太长，那么很有可能是当事人故意而为之：通过装模作样的惊讶争取时间以思考接下来的行为，通过装模作样的惊讶来蒙混过关，等等。当然也有人会通过延续冻结反应时间，以证明“自己并没有被冻结”，并保持风度。

我小时候看过一本纪传体小说，叫《侍卫官杂记》，据说作者是蒋介石的贴身侍卫，记载了从抗战胜利到撤守台湾期间蒋介石的一些事情。书中记述了蒋介石在南京的一次讲话中，一名刺客在人群里忽然站起向蒋介石开枪，子弹与蒋介石“擦脸而过”，紧接着刺客马上被制服。整个过程，蒋介石纹丝不动。第二天报纸盛赞蒋介石沉着冷静、临危不惧、泰山崩于前而色不变。

而侍卫官则哂笑：当时我就在老头子（对蒋介石的称呼）身边，老头子的脸都白了，他没反应过来。后来见刺客被制服，才强忍着没有钻进桌子底下……

除了外界的信息刺激之外，自我意识也会产生冻结反应。比如，一个忽然冒出的想法——强迫症患者对此应该深有体会：穿戴整齐下楼后，却忽然觉得自己好像没锁门，就马上愣了一下，再回家看看是否真的如此。“愣一下”就是自发性的短冻结反应，这种情况下的短冻结时间比较长，通常是为了思考。

由于两种短冻结反应很像，所以经常有人会用一种短冻结来掩盖另一种。比如，你和你的女友走在大街上，你的女友忽然睁大眼睛，然后拉着你的手把你往回拉扯，说：“哎呀！手表落在家里了，你陪我去取吧。”她在运用自发性短冻结，而实际上，对面走过来的那个男人可能是你女友的前男友之一，她的冻结来源于见到前男友时产生的惊愕，继而害怕你与前男友见面产生尴尬，所以，火急火燎地把你拉向另一个方向。

自发性的冻结反应与外界刺激式的冻结反应最大的区别在于：眼部是否出现了“惊讶反应”，即眼睑放大，虹膜张开，瞳孔微缩。除此之外，没有其他区别，所以，想要分清对方的短冻结属于哪种，盯住他的眼睛就可以了。

长冻结

与短冻结相对应的，自然是长冻结。长冻结是指当当事人判定信息源在一定程度上能给自己造成较为可怕的后果时，需要长时间冻结自己的动作，以便进一步观察信息源、躲避迷惑信息源、思考如何应对信息源。

长冻结与短冻结在表现上的区别是冻结时间的长短；而更本质的成因区别则是在于信息源对当事人的刺激强弱。一对正在卧室里偷情的少男少女，当听见送报纸的人敲门时，往往惊讶片刻，然后对其不理不睬继续亲热；而当他们听见钥匙孔转动的声音时，则会大惊失色，屏住呼吸，一动不动。屏住呼吸一动不动，就是长冻结的最标准状态。

我们在研究刺激源强度与冻结反应的关系时，发现了一个很有意思的现象：当信息源的刺激强度提升，当事人进入冻结反应；而如果继续提升刺激源强度，那么当事人则会打破冻结反应，转而进入其他反应状态以面对刺激源；可是当信息源的刺激强度进入到一个极高的状态后，那么当事人还是会处于长冻结状态，即所谓的目瞪口呆。

这三者很好理解，那对少男少女听到钥匙孔转动的声音而产生的冻结属于第一种情况。当少女听到进屋的正是自己的父母时，会大惊失色地从床上爬起来把衣服扔给男孩命令他跳窗逃走，这就是当信息源刺激提升时当事人的反应。

其实，信息源刺激过强导致的长冻结，从其反应形态上来看，与饱满的惊讶反应几乎一模一样：眼睑放大，虹膜张开，瞳孔收缩；下颚牵动嘴部，嘴巴大张；一次短促而剧烈的吸气；身体动作和语言反应完全停止冻结。

由于信息源刺激过强，导致当事人长时间陷入震惊状态，他的肌肉组织在第一时间无法做出冻结之外的其他反应。很多时候，巨大的悲伤也会导致这种效果的产生。我的一个大学同学当在电话里得知父亲酒精中毒身亡时，瞪大眼睛至少10秒钟没有说一句话。

这种长冻结是很危险的，当事人情绪如果长时间无法发泄，则会造成许多严重的心理疾病。英国有过这样一个心理疾病的病例：一个6岁的小女孩在家中玩耍，目睹了父母被仇人残忍分尸的过程，她家的监视录像显示，整个过程她瞪大眼睛张大嘴巴，无法做出任何动作。直到事件结束，她仍然保持着这个状态，持续了将近10个小时，无法交流、无法进食。医生担心她的身体，于是、给她打了一针催眠剂。

睡醒之后，小女孩吃了东西，并且也能够与人简单交流，但人们惊讶地发现，小女孩竟然失明了。经检查，小女孩眼部的生理构造完好无损，但由于心理上的强烈排斥感，她选择不去看见这个丑恶的世界，所以导致失明。

心理医生指出那支安眠剂是罪魁祸首。如果小女孩在震惊之后能够被大人引导着把情绪发泄出来，那么她绝不会出现选择性失明。

非惊讶引起的冻结

带有强烈刺激性的信息源在生活中并不常见，生活中常见的长冻结反应，往往是信息源刺激达到一定程度时出现的冻结反应。这种长冻结的心理成因并不是惊讶，而是自我拘束。

在中国古代，臭名昭著的跪拜制度其实就是一种长冻结反应。

这种反应在最大限度上约束自己，向上司或帝王显示自己的无害以获得荣宠。

在当代，其实也有类似的情况。

几位大学生大三时曾在一家公司进行过实习，老板为了表示对他们的重视，带他们去一家很不错的饭馆吃饭。席间，大家情绪高昂，觥筹交错。

忽然，老板电话响了，接完电话后，他脸色阴沉了下来，说公司有机密被泄露。

于是，气氛马上冷了下来，大家都屏住呼吸不敢说话，空气像凝固了一般。没多久，老板发现了大家的反应，马上挥了挥手，圆场道："大家继续，小事儿，不会对我们造成什么危害。"

几个主管会意后，说了一些调节气氛的场面话，气氛又缓和了下来。

看，这就是自我约束型的长冻结反应。

与惊讶引起的冻结反应不同，自我约束式的长冻结不会出现惊讶的典型特征。而是一种长时间僵直：表情趋于严肃认真，一丝不苟，并随着情绪变化而产生变化，但基本的一丝不苟不会变；

身体的自我约束：肌肉紧绷，站立式会出现手插兜；

语言趋于拘谨，用词谨慎而字斟句酌。

呼吸调整，"大气都不敢喘"指的就是这种情况。

所以，当你看见一个下属被上司责备工作不力时，如果下属真的如上司所说，那么他就会出现这种冻结反应；但如果他剧烈地喘着粗气，毫不示弱地与上司对视，那么上司很可能是冤枉他了，至少，他认为上司冤枉自己了。

因此，反过来看，一个假装冻结的人也就很好辨认了：对方的表情是否僵化，呼吸是否降低，语言是否拘束，身体是否紧绷，就可以了。

最简单而显著的逃离反应是人对疼痛的规避

逃离反应绝非是一个人胆怯的象征，而是几乎所有脊椎生物的自然本能之一，这种本能让人潜意识地远离危险，保护人的安全。当然，在很多情况下，预备逃跑可能在客观上会令人更加接近逃离反应信息源。所以，你必须根据实际情况，尽量多地采集当事人的微反应信息。

我相信大家对成龙的电影一定不陌生，尤其是打斗部分，诙谐、幽默、机智，一改以往动作片一贯的硬汉主角形象，成功开启了一个“用脑子打架”的新动作片时代。为什么会出现这种效果呢？成龙自己在接受采访时说：“因为我平时打架也这样啊，一个人来我就打，两个人来我就拼，三个人来我转身就跑！”其实，每个人在经过训练后，都有做成龙的潜质，这种潜质就是深植于人心底的逃离反应。所谓逃离反应，就是当生物规避对自己有害事物时的自然反应，人类的逃离反应同样如此。

逃离反应几乎是自然界最为普遍的反应，因为无论是单细胞微生物还是脊椎动物，趋利避害都是物种得以延续的最重要手段。人类是逃离反应的最佳继承者，通过各种各样的手段，人类将逃离反应演绎得更为复杂、深入。

最简单、最显著的逃离反应，即人对疼痛的规避。

当被利器刺伤的时候，你的手会条件反射似的弹开，以避免利器对你的伤口继续进行伤害。

如果你接触过交流电维修，长辈或师傅一定会告诉你，直接用手接触电器以测试电器是否有效时，一定要用手背接触电器。因为如果电器漏电，那么电流击中你时，你会条件反射地把手往手心方向拉扯。如果你用手心接触电器，则有可能被“吸住”。

我甚至听过一个笑话：老一代人在一起说怎样伤害人最疼，有人说是打脑袋，有人说是用针扎。一个抽旱烟的老汉指了指自已手中铜质的烟斗，笑道：你们说的这些都不行，告诉你们，把烧得通红的烟斗贴在人胳肢窝（腋下）里最疼。众人奇怪为什么是腋下，稍一思考就茅塞顿开。因为当人的腋下有疼痛感时，条件反射的命令不是张开胳膊，反而是夹紧……

你现在可能会有这样的疑问：不是说“远离”危险吗？夹紧胳膊并没有使人远离烧红的烟斗，反而更紧密……这其实恰恰反映了真正的逃离反应是一种无法作伪的微反应。想知道为什么，就必须探究一下逃离反应的形成。

首先，我们回顾一下对微反应的定义：这是一种本能的、源于条件反射或下意识的表情、动作、行为、语言反应。人们无法通过调动大脑意识运动来控制微反应，而只能对微反应进行模仿。那么，逃离反应自然也是源于条件反射和下意识的。换句话说，是非理性的，先于理性的，其形成得益于人类数万年来进化所养成的习惯本能。在遇见可能会伤害自己的事物时，人类会深深地吸一口气，绷紧肌肉，蜷缩四肢关节，准备逃跑或自我保护，而夹紧胳膊正是这种自我保护的过程：肋骨很脆弱又很重要，所以必须保护好。

由危险信息源引发的逃离反应，有以下特征：

面部表情呈紧张、不安、恐惧趋势；

会有吸气储能的反应；

由于腿部是逃离反应的制动区域，所以血液流向下半身，脸色发白；

站姿时，身体向反信息源方向倾斜；

坐姿时，腿部绷紧，以便自己随时可以起身逃跑；

语言急促紧张，会有敷衍性回避。

上面的描绘是否让你想到了这样的画面：一个信心不足的面试者，当他面对一脸严肃的考官时的样子，没有比“如坐针毡”更好的词来形容他了。在生活中，大多数处在紧张、信心不足、焦虑等状态下的人，都会产生逃离反应。如前文所言，这种逃离反应源于人类对危险信息的潜意识躲避，它未必有用，有时甚至起到反作用（就像那个夹着烧红的铜烟斗的腋窝）。但是，你越紧张就越想逃离，而越想逃离，腋窝就被破坏得越大。所以，你要想办法克服自己的不自信和逃离反应。

其实，除非精神崩溃，否则，这种由威胁性信息源造成的逃离，并没有出现真正的逃离，而只是逃离准备。观察一个保持紧张坐姿的人，你会发现很多准备逃离的迹象：坐正方便站起；用手支撑腿部；双腿向后调整重心；脚尖接触地面，腿部紧绷准备离开。

可是，需要明确的是，并非一切撤离都是逃离反应。

抗战初期，当时的地方军阀被日本侵略军打的屡战屡败，“国军逃得丢盔弃甲，日军追得丢盔弃甲”，这是逃离。

发生在抗战前不久的两万五千里长征，虽然也是远离危险区域，但却不是逃离，为什么呢？很简单，你能说数万人集体有纪律、成编制地大范围转移，并且对老百姓秋毫无犯，还保持着旺盛士气的迁移是逃跑吗？

拳王阿里也有一个重要战术，就是用灵活的脚步闪躲敌人的进攻，直到对手体能消耗过大时，再予以反击。阿里的闪躲也不是逃离。

其实，看撤离或规避是不是逃离反应，要看当事人在进行规避时对信息源的态度。如果他仍然觉得自己可以战胜信息源，那么就说明当事人没有出现逃离。

当然，除了有威胁的信息源之外，还有一种信息源可以对当事人造成逃离反应，那就是令人反感的信息源。与威胁信息源产生的逃离反应不同，反感信息源并不会给人无法战胜的恐惧感，所以，反感信息源导致的逃离，呈现的是另一种形态。

一个足够强烈的反感信息源导致的逃离反应，与饱满的厌恶反应如出一辙：

眉头紧皱；

强烈的闭眼趋势；

上唇提升导致鼻翼两侧形成极深的沟壑；

面颊紧绷牵动嘴角运动，嘴巴两侧产生“括弧”；

身体整体呈现条件反射式的一系列远离信息源方向的动作，如后仰，偏头……

语言也会产生一系列的厌恶感。

这就是我们在前面提过的饱满厌恶反应。当然在绝大多数场合下，我们不会做出这种饱满反应，你能想象当你的老板提出一个愚蠢的决定时，你直接表现出一副几欲作呕的架势吗？这也是当代中国社会的独有问题，人们太喜欢压抑自己的正常情感，以至于每个人都戴着几层“面具”活着，这也是我们研究微反应的原因——通过不自觉的反应来破解人的真实意图。

所以，即便刻意克制，但当反感信息源存在时，人们还是会不自觉地产生有意思的、可供观察的反应。

想象一下，当你站立时，准备听一个人讲话，如果他讲得很好，很能令你产生兴趣，你自然会把身体完全面向他，这样，你的两个脚尖也就自然而然地指向他。

如果演讲者的话令你十分厌烦，听都不想听下去，可是受限于场合等客观因素，你又无法转身离开，甚至你必须继续装出一副聚精会神的样子，此时的你会怎样？

首先，你的表情会由于这种心理冲突而显得僵硬：你会露出讨好的笑，因为这个讲话的人是你的上司；但你心里却想让他闭嘴——所以，此时你的笑和赞赏都是僵硬的。具体就体现在：你的嘴在笑，但你的眼睛没有任何的正面感情。

更重要的是，你的脚尖。我们刚刚提到，当你全面肯定讲话者时，你的两个脚尖会完全朝向他；但当你不耐烦时，你的一个脚尖则会朝向其他方向。这样，你的躯干和视线仍然可以面向讲话者，但你的身体其实随时准备离去。

除了脚尖之外，视线也是一个逃离反感刺激源的信号。用最为简单易懂的说法，我们在逃离之前会选好逃离的路，所以，在与人交流时，不妨看他是否一直把视线从你身上移开，转移到另一个方向。

那个方向不一定是他的逃离路线，但肯定有助于缓解你的无聊话语带来的烦闷感。

第三种可能造成逃离的信息源，是焦虑信息源。与威胁信息源和反感信息源不同，焦虑信息源的存续性很强。当逃离行为成功逃离了威胁和反感，那么这两种感觉就会消失；但焦虑心态则不同，即便信息源消失，只要使人焦虑的事物没有得到解决，那么焦虑情绪就一直存在。

从另一个角度来看，也可以把焦虑信息源视为人对焦虑事物的反应，即焦虑是一种“庸人自扰式”的情绪，其信息源在于自己的内心。

当然，无论如何，我们阐述的重点在于焦虑产生的逃离反应。这种逃离反应有以下特征：

表情紧绷严肃；

心不在焉，实际上此时，逃离反应当事人主要用的是大脑，语言功能在一定程度上弱化了；

身体的逃离动作由于没有具体的逃离对象，所以呈现发散式逃离，即无规则运动。

关于焦虑逃离，最具代表性的动作就是——踱步。踱步是最没有目的性的运动之一，这种无规律性在很大程度上也描绘出了焦虑心理的特殊性。具体的逃离刺激源并不具体存在，所以借由无规则走动来逃离内心，或者说，帮助思考。

而踱步的速度和其焦虑程度成正比。据说，马克思在英国皇家图书馆有个很习惯坐的位子，而他每每遇到学术难题时，就会在那个位子的桌边踱步思考，久而久之，桌子旁边竟然走出了一条“沟壑”。后来，他突然换环境，继续踱步的时候，由于没有那条“沟壑”，竟险些摔倒。

经常抽烟，其实也是一种逃离。鲁迅先生说戒烟是戒掉一种姿势，其实就是借助一种无意义、无方向感的吸烟姿势，来对平时的习惯姿势进行逃离。

认同反应是对信息源发出的系列微反应

认同反应的心理成因是对信息源的正面认同感，由于恰当的认同反应会令对方产生好感，所以很多人习惯于伪造认同反应。想要区分一个人的认同反应是真是假，“是否自然”是关键。真正的认同反应，语言、肢体动作、面部表情必定很和谐，而伪造的认同反应往往滑稽夸张。

认同反应是当事人认同某人或某事物时，对信息源发出的自然而然的系列微反应。

与冻结、逃离、攻击反应相比，认同反应是正面的反应表现。其心理诱因是：当事人对于刺激源怀有正面的认同态度。你听到同事提到了一个很有意思的点子；你听到朋友阐述了一个很不错的政治见解；你在报纸上看到了一篇很合你胃口的书评或影评；中国古代的师长们，看到学生能用工整的小楷默写下来一篇《礼记·大同篇》……都会做出一个标志性的动作：在古代的文言文语境中，将其称为颔首；现代汉语中则称为点头。

点头是认同反应的最基本动作。当然文化不同，导致其表意程度也不同：在印度，人们用摇头表示赞赏，点头则表示“好吧”；在东亚，中国人和日本人则喜欢用点头表示“是的，我知道了，我不反对”；而美国人的点头，则是致意，表示同意和正面肯定时用的动作。

克林顿被性骚扰绯闻轰炸之前，在记者招待会上曾说：“我跟这个女人根本没有发生性关系”，但当时他确实一直在点头；也就是说，他有认同的、肯定式的反应，却说了否定的话，据此可以判定他在说谎。

认同反应在自然界的形态渊源是顺从，几乎所有的脊椎生物在表达顺从时，都会弯腰致敬。人类至今保留着这个行为习惯——鞠躬，而点头其实就是鞠躬的简化版，其顺从强度没有鞠躬那么强，但同样意味着一种赞成。

饱满的认同反应里，当事人会对刺激源产生很大的愉悦感，其表情有着愉悦反应的基本特征：

眉毛松弛呈自然拱形，前额平缓放松；

下眼睑凸起、提升，出现笑容特有的沟纹；

上眼睑微微闭合，配合下眼睑使眼部出现闭眼趋势；

由于颧部肌肉的运动，导致嘴角向上、侧后方牵扯提升，面颊会隆起；

下巴自然地向两侧完全展开，形成大笑特有的长沟纹。

同时，饱满认同反应，其点头力度会加大，而点头力度实际上就是认同反应的程度调节器。小的时候，父母跟我们说“听话就给你买变形金刚”时，我们的点头就是这样有力且幅度极大的。

当然，点头也有其他的含义。由于点头是鞠躬的简化版，所以它在一定程度上分担了鞠躬的一个功用：致意。虽然表意力度没有那么强烈，态度也没那么恭顺，但是却恰恰成了处于平等地位的人之间的一种打招呼方式。而与点头这种打招呼方式相比，表意更加不强烈、态度更加不恭顺的，就是反着点头，即见到熟人时把头往上抬。这种动作常常伴随着抬起眼睑。一般来说，在极不正式的场合，与身份跟自己相当、甚至偏低的人打招呼时会反着点头，因为这个动作很多时候会显得轻佻。

除了表情和头颈动作之外，开放式的身体姿势也在一定程度上表达了认同的态度。伸出双手，敞开胸怀，都是身体开放的证明。

从事推销性质工作的人尤其会察言观色：当客户在听取你意见时，若正面朝向你，说明他在认真倾听；若轻松地抱起双臂，说明他在思考；若微笑地注视着你并点头，则说明他很认同你推销的产品，或者很认同你本人。

认同反应可以惜字如金吗？答案是肯定的。不少人，尤其是没有自信的人认为，如果对方认同我的话，一定会告诉我的，这样他必定在我说话的时候跟我产生许多交流。所以，一旦从对方那里得不到明确的语言鼓励，就会越说底气越不足，到最后把一件十分肯定的事物说成了八分。

要知道，不说话并不代表对方不认同你，这很可能是性格、地位使然。我就遇见过这样一个人，那是我毕业前一年假期打工时的上司，一位姓吕的经理。

吕经理平时习惯戴着一副墨镜，上班时也不摘下来，据前辈们说，除了老板没人见过吕经理的眼睛。这样一位上司，身为下属的我免不了有些害怕，平时跟同事们有说有笑，可是，吕经理一出场，大家立即屏息凝神各干各的去。

那时候，年轻的我曾经想过一个好提案，但由于还是实习生，没有参加例会的资格，所以无法把这个提案提出来。于是，我就只能硬着头皮去找冷酷的吕经理，向他陈述我的提案。在陈述过程中，吕经理始终抱着肩膀，我看不到他其他的肢体动作，看不到他的眼神，冰冷冷的墨镜把一切可能存在的鼓励都遮挡住了。

在这种心态下，我颤颤巍巍地给自己的报告做了总结。本以为接下来会是无视，甚至批评，却没想到，吕经理放下了胳膊，朝我点了点头，简单地说了句：“挺好，去做！”

当时我脑筋险些没转过弯，傻傻地问了句：“啥？”

吕经理似乎隔着墨镜看了我一眼，“我说，去做一做，试试看。”

我“哦”了一声赶紧走出经理办公室。当天下午，美术组就有一名美编来我这里报到，说是吕经理让她来的，并且告知我，吕经理还给了我很多实习生不具有的公司资源权限。

看，很多人的认同反应会发生得很晚，习惯于保持威严的人尤其这样。

所以反过来看，认同反应也会给人鼓励。当你在听取一个晚辈的话并想让他得到信心继续说下去时，那么不妨做出一副认同反应的样子；即使他的话里有问题，也最好以认同的形式去反驳他。比如说，“你的想法很好，但是这里是不是可以再商榷一下？”

当然，当你想要保持威严时，不妨学一下吕经理。总之，威严和认同，你需要根据情境自己选择。

炫耀的产生与性格有很大的关系

炫耀源于人们对他人肯定认知的渴望：希望别人看得起自己，希望自己能够得到他人的赏识，借此完成自我实现。通常，炫耀反应并非每个人都会有，往往只有这种渴求他人认同的需求比较强的人，才会炫耀。而自我实现对他人看法依赖越重，炫耀反应也就越强。

当我们认同他人时，便产生了认同反应；而当我们渴求他人认同时，就会把这种认同表现出来，这种表现行为，就是炫耀反应。炫耀的产生与人的性格有很大的关系，有一些人或许一辈子不会炫耀什么，而有些人则一生都在为炫耀活着。

首先，必须值得强调的是，炫耀并非一种负面的、不好的心态。一只长着蓝鼻子的驯鹿因为不被同伴认同就离群索居，最终可能郁郁死去。实际上，认同感是群居动物的本能。猫类作为社会性并不强的生物，就不需要认同，无论主人做什么，它都是一副满不在乎的样子。狗则不然，绝大多数的狗十分迷恋主人摸头和下巴作为奖励。很多生物学家认为犬科动物比猫科动物更为进化，支持他们这种说法的一个理由就是：犬科动物拥有更强的社会性。

炫耀心态的形成有三个要件：炫耀物、他人肯定、炫耀对象。

炫耀物：自认为正面的、能得到大众认同的事物。注意，炫耀物不一定是某个客观存在，也可以是一种行为、一种品格。我看过一个讨论式的电视节目，请了几个专家学者，主题是关于“助人为乐应不应该谋求报偿”，并请到了几个普通观众参加讨论。这些观众站起来阐述问题时，其间节目主持人简单地做了一下复述，如“我觉得助人为乐不应该谋求报偿。”接下来就开始长篇大论地描述自己在哪一年帮助过谁谁。这其实就是一种对行为和品格的炫耀。

他人肯定：如果满足于自得，那么就是那种只通过自我认同就能得到满足的人；而作为社会化最强的生物——人类，需要认同简直是一种本能。只不过，有些人依靠自我认同就能取得心理状态的满足，而大多数人则更需要其他人的认同。前者由于只需要自我认同，所以做事往往显得更加纯粹、更加稳重，也更不容易被外界侵扰；而后者其实是大多数人的状态，需要其他人的认同，才能完成自我认同。

炫耀对象：当事人一个人独处的时候，不会产生炫耀情绪；炫耀情绪只存在于有其他人存在的时候，否则炫耀给谁看呢？

自得和饱满单纯的炫耀

自得是炫耀情绪的前提，当一个人准备通过炫耀物炫耀自己时，必定有一个自我肯定炫耀物的过程，这个过程产生的微反应，就是自得反应。

自得反应也就是我们平时所说的扬扬自得，愉悦是这个反应的基本情绪，自我肯定是自得反应的基础。综合这两种心态以及我们在生活中随处可见的扬扬自得，可以给出以下的反应描摹：

嘴部抿住或微微张开，形成大括弧；

眼睑稍微闭合；

眉毛松弛；

额头抬起，能看到细微皱纹；

身体状态也是呈现放松和舒适的。

微笑和自信，就是扬扬自得。

任何一个人，在肯定自己的某种事物时，都会有自得情绪，也会有或轻或重的自得反应，这种反应是炫耀的前提。但如果当事人不满足于这种自得，需要寻求其他人赞同的同时，恰巧其他人又在场，那么就构成了炫耀的三个要件，炫耀心态就此产生。

一个饱满而单纯的炫耀，表情依然停留在自得，身体动作则会有强烈的展示性。炫耀说到底就是一次展览或推销：把炫耀物拿出来给所有人看，因此，炫耀反应大多也是开放式的。如果是一件东西，就会把这件东西摆在令所有人都能看见的地方；如果是讲述某事，就会做出一副高高在上、咄咄逼人的架势，以便让所有人都能听到自己的话。值得一提的是，女人的化妆其实也是一种炫耀，是对自己美貌的炫耀。

压抑炫耀和反炫耀

在东方国家，炫耀不被广泛认同，人们仍然认为得意不可忘形。所以大多数人会对炫耀进行遮蔽，而且他们在炫耀时往往会紧张，这就使得单纯的炫耀很难出现。人们会对炫耀进行自我压抑，并且在真正的炫耀到来前，会出现试探和自我压抑。

我经常去的咖啡馆里有一群文艺青年，我也是其中之一。有一次，我背着朋友新送给我的吉他去馆里，几个朋友凑在一起一边喝咖啡一边评论我的吉他。这时候，一个平素就爱炫耀的小伙子问我：“是单板吗？”（单板琴比较名贵）。

我说：“是。”

他“哦”了一声就不再说话。

后来，我的其他朋友告诉我，如果你当时回答“不是”的话，他就会告诉你，他的那把琴是单板。

看，这就是对炫耀的压抑，一个饱满单纯的炫耀，就应该直接告诉我：“我有一把单板琴。”老北京城的顽主们，炫耀起来都是这个范儿。他们玩扳指、鼻烟壶、鸟笼子、蛐蛐罐、核桃、葫芦，等等。当你向他们虚心请教的时候，他们会一一给你指出什么东西，好在哪里，要去怎么品评、把玩。但一旦他们拿出自己的宝贝家什，绝不会多说一个字，往前一摆，神情悠然自得——哪里好您得自己观赏，我可不能老王卖瓜。

嫉妒心理是动态、多样的

嫉妒心理的形成和发展机制是：羡慕到仇恨，仇恨到攻击。而一系列的嫉妒反应也是遵循这个轨迹。所以，嫉妒心理往往是动态、多样的。这是一种极为复杂的负面情绪，虽然很容易观察到，但很难彻底观察其成因。

就在前几天，我和在异地的未婚妻煲电话粥时，电话那头忽然出现了她室友的声音，很不客气地对我的未婚妻说："如果要长时间打电话的话，请到走廊去，你这样会影响其他人学习。"

我在电话这边听到之后有些愤怒，大学寝室本来就是放松的地方，想看书学习可以去自习室，遂跟未婚妻说："你把电话给她，我跟她谈谈。"

谁知未婚妻竟然乖乖地披了件衣服走到走廊上，告诉我："这个室友平时是个挺随和的人，只是今天刚跟一个研三的学长表白失败，所以见不得情侣间的卿卿我我……"

平时很随和的人，在表白失败之后就见不得情侣间的卿卿我我，这是为什么呢？很简单，这是因为一种奇妙的心态反应——嫉妒。

人们都有欲望，欲望是人们从事所有行为的最根本原因。欲望的层次有高有低，低层欲望是生理的、必需的，如吃饱穿暖；高层欲望则是在低层欲望满足以后产生的一种更为精神化的需求，如大众认可、自我实现、心灵需要。马斯洛的人类需求学说，阐述的就是这个问题。

但是，即使在自然科学发达、人文科学昌盛的今天，人类的需求也不是那么容易满足的，尤其是高层需求。而当需求无法满足时，把欲求不满所产生的负面情绪转移给境地与自己相同但却取得了（至少在当事人看来）与自己相同或类似的满足的人，这种心态就是嫉妒。由这种心态产生的一系列反应，就是嫉妒反应。嫉妒反应的基本表现是仇恨。

仇恨和焦躁是所有嫉妒反应都会出现的情绪，当事人因为种种原因导致欲望无法满足，因此，会仇视那些相对幸福的人。有几家比邻而开的日用杂货店，其中一家靠着街边拐角，另几家只是单纯的街边门市。人们有一个很奇怪的心态，当这样几家店同时存在时，如果没有别的甄别标准，大多数人往往会选择街边拐角的店而不是单纯的门市，似乎是因为拐角看起来更加独特。无论如何，拐角的日用杂货店生意一天火似一天，而旁边那几间店则稍显冷清、惨淡。

有一天，一位客人来买电热毯，先去了冷清的店，看好了一个样式，但询问价钱之后没有出钱购买。继而进了拐角的那家店，稍微询问价钱就拿走了那款相同款式的电热毯。

这其实是很平常的顾客心态：货比三家。

但这件小事却点燃了那家冷清店老板娘的火气，看到顾客从拐角日用杂货店拿走了电热毯之后，立即追出来把顾客骂了一顿。顾客脾气似乎也不小，而且自觉自己没什么过错，就转过身和她争吵了起来。眼看着冲突就要升级时，拐角日用杂货店的老板为了不影响生意，就从店里走出来劝架。

这一劝架不要紧，彻底把那位老板娘的火点着了，她顺手抄起一个炒勺，向拐角日用杂货店的老板掷了过去。这位老板冷不防被炒勺击中头部，当场昏迷，经医院鉴定为轻度脑震荡。

报案后，警察立即来现场取证，如果走司法程序的话，必定要判老板娘一个轻伤害，少说得坐三年牢。但躺在医院里的老板似乎同意和解，这件事也没闹到法庭上，但这位老板娘破财免灾是免不了的了。

因为嫉妒隔壁店的生意好，所以脾气越来越急躁，这就是嫉妒反应的仇恨和焦躁的一面。其实，这位老板娘的仇恨对象本来是隔壁的店，但由于要在一起做生意，所以老板娘暂且压制住对他们的仇恨，转而把仇恨发泄到另一个对象上——那位顾客。

然后拐角日用杂货店的老板出来劝架，这就令冷清店的老板娘压抑不住了，也就有了之后的攻击行为。攻击行为也是嫉妒心态的典型反应。

女教师刘某今年43岁，比他大4岁的丈夫在她眼中已经失去了魅力，她开始把“爱”转移到她的学生们身上。

17岁的小华就是她的学生，小华学习成绩一般，但相貌出众。某日放学后，刘某假意将小华留校进行课后辅导，在空旷的教室里，刘某遂诱使小华与自己发生了性关系，这段关系维持了近三个月。

三个月后，班上转来一位新学生阿宾。阿宾是体育特长生，虽然比小华还小一岁，但身高一米八四，小小的年纪身上就已经看得见肌肉块。刘某很快开始迷恋阿宾，不久，用同样的手段俘获了阿宾。

小华对此极为嫉妒，多次央求刘某放弃阿宾，只跟自己在一起，无果后转为威胁。女教师刘某自然不会被小孩子的威胁吓倒，继续保持着与阿宾的关系，并且偶尔也和小华暧昧一下。

这令小华非常愤恨，终于，在某天晚上他向刘某求欢未果后，却发现她和阿宾极为亲密，便冲进教室，用一根铁钳捅死了阿宾，捅伤了刘某。

古语有云："木秀于林，风必摧之；堆出于岸，流必湍之；行高于人，众必非之。"反映了一个极为普遍的心理学原理：人们对那些比自己成功、比自己突出、比自己更得宠爱的人，很容易就会引发出嫉妒之心，而这种嫉妒之心，通过怨恨、排挤、诋毁、中伤、诬陷、破坏、阴谋、暗害等方式爆发出来，能够变相地满足嫉妒在情感上的反应，让心理达到暂时的平衡状态。

嫉妒产生的仇恨和焦躁，一般都会发生攻击，有时是语言的，有时是直接的暴力攻击。当然，有的时候当仇恨无法转变成实际攻击时，就有了另一种方式——轻蔑。

你有时会在当事人的脸上捕捉到典型的厌恶反应：撇嘴、皱眉、嘲笑。但是，嫉妒反应中的厌恶反应严格来说是一种伪反应，因为你只会看到当事人故作的轻蔑和厌恶，并且这些表情都停留在脸上，而不是身体上。也就是说，当事人的轻蔑和厌恶，是一种让其他人觉得轻蔑和厌恶而产生的轻蔑和厌恶，有时并不是真实表意。其实，这是一种典型的"吃不到葡萄说葡萄酸"的心态。但实际上，轻蔑反应的当事人必定是先在心里认同了嫉妒的对象，才会产生嫉妒。

这两年，苹果手机在中国成为年轻人潮流的象征；但同时，也有很多年轻人对此表示反感，说"苹果有什么好的""烂大街的东西"……这样说的年轻人，买一个苹果送给他看他高不高兴。

人们有嫉妒情绪是正常的，但放任嫉妒的蔓延、把嫉妒变成一种实际的攻击方式，这就很危险了。有效克制这种嫉妒的最好方法，其实很简单，分成两步：第一，你要明白自己要的是什么，为什么会嫉妒；第二，想要吃苹果就去咬，想要用苹果就去努力工作，嫉妒永远不会给你任何苹果，只会给你恶果。

针对心理是攻击反应的心理成因

针对心理是攻击反应的心理成因。一般来说，有社交交集的两个人，都会产生针对心理。但事态的发展和当事人性格的差异，会令这种针对心理越来越强，逐渐演变成实际的攻击心理。当这种心理转化为实际行动后，就有了攻击反应。

当人们遇到有威胁信息源时，如果信息源威胁过大，到了自己无法承受的地步，那么就会出现冻结或逃离反应。但面对威胁信息源时，还会出现一种“你要战，便作战”的情绪，这就是攻击反应。

有一种观点认为：“怒意是攻击反应的准备前提。”但这种说法存在问题。确实，最为极端的攻击反应是愤怒，愤怒反应会令身体不自觉地进入战斗状态：眉毛压低皱起，上眼睑睁开，下眼睑紧绷；面颊肌肉紧缩，鼻翼扩大；嘴紧抿或上唇微张，下颚靠前，下唇微微凸出，嘴角下压；牙齿强力咬合；头部压低，身体前倾，筋肉紧绷，可能出现握拳。

极端的攻击和防守心理，都有可能出现愤怒，但这不是绝对的。在非洲草原上，一只准备捕食的雄狮会对羚羊表现出多大的怒意？

当然，在生活中，人类的进攻不是依靠撕咬或砍杀，但在远古时代，人类捕猎战斗的本能依然残留在我们的基因里。狮子最强大的器官是血盆大口，所以猫科动物的攻击示警往往是竖毛龇牙，其战斗反应也是以面部为主。但人类最有利的武器是手，所以人类的攻击战斗反应绝大多数与手有关。

人最直接、最常见的指向性攻击反应，其实就是用手指人。无论什么场合、什么人，只要他用手指指向你，那么就说明他其实出现了对你的战斗心理。

我在中学时代有一个小圈子，一名男同学和我，还有一名女同学，我们三个人经常在一起玩。

其实，那位男同学从上学的时候就一直喜欢那位女同学，但那时候不懂世故的我并没有发觉，总是死皮赖脸地跟他们凑在一起。直到毕业后，我和那位男同学在一起喝酒，他才告诉我真相，并用手指着我无奈地说："要不是你一直当电灯泡，可能我俩早就成一对了。"

他用手指着我，其实就有指责的意思，这就是一种攻击。当然，这丝毫不妨碍我和他之间的友谊。我想说的也是这点，在生活中，人与人之间的情绪绝非是单纯的，你千万不能期待你的好友、爱人对你只是一味地好，这是不可能的；你也不可能对他们一味地好。所以，当你在生活中发现他们的微反应对你抱有攻击、指责、拒绝甚至厌恶时，请千万不要因此就断定对方不把你当朋友。

言归正传，用手指指向人是最为直接的攻击反应。很多时候受限于礼节和场合，大多数人的选择是，用手掌指向别人。注意，当你介绍某人的时候，也用的是这个动作和手势。所以，一定要注意情景、场合，不要按图索骥。

当然，有一种人并不在我们的可观测范围内。有个成语叫作"狮子搏兔，亦用全力"。这句话的意思是，狮子即使在捕捉兔子时，也会用尽全力。这其实从一个侧面说明了进攻心态的精髓：一个纯粹的、不掺杂其他反应的进攻反应，就应该是没有杂念的；进攻者的一切念头都应该放在如何成功攻击对手，并让自己的支出减小到最少的程度。

中国古代兵家有这样几句话形象地阐释了这个道理：若山崩于前，面色发红者，谓之血勇也；面色发白者，谓之气勇也；面色发青者，谓之骨勇也；面不改色者，谓之神勇！

所谓面不改色，实际上是最为有利于进攻者的反应，这代表着，即便当事人准备狂攻不止，但其各项反应仍停留在原态反应阶段。他的一切攻击指令，都是在心如止水中得出的，不会做出能让我们观察到的微反应。好在这种人是百年不遇的将才，或传说中的杀手，但这并不是那么容易遇上的。

而更多的人，会面色发红、发白、发青。也就是说，绝大多数人在攻击前夕，是有迹可循的。

大多数攻击战斗行为的新手都会紧张，看看他们发白的脸色和微微颤抖的手，你就知道了。

威斯康星州有一个三口之家，实际上这是个抢劫团伙，父母一直以来瞒着儿子在临州的各银行之间寻找猎物。直到儿子长到了15岁，父母觉得应该把儿子也拉入伙，于是他们告诉了儿子真相。从小就不怎么接受正统教育的儿子很高兴，并主动提出要入伙。

一个星期后，父母给儿子策划“成人礼”，就是抢劫花旗银行。可谁知一向聪明的儿子竟然在当天犯起了紧张病，刚一进门就不小心把枪掉在地上。警卫发现之后逮捕了他，夫妻在情急之下准备用枪反击救出儿子，却被有所准备的警卫们当场击毙！

攻击行为之前的紧张情绪，源于人们对自己的不自信，其反应通常是过失性、无规律性的。即使一个有熟练攻击行为的“熟练工种”，出现不了紧张情绪，也会出现某种兴奋。

这种兴奋会令攻击反应向愉悦反应靠拢，你甚至会在他脸上发现笑容，无论是眉宇间的起皱还是嘴边的长括弧，都证明这是一个真实、发自内心的笑容。

攻击者的兴奋是因为对攻击行为之后产生的满足感预期：可能攻击行为会使当事人得到利益上的好处，也有可能攻击本身能够满足他的心理需求。但无论如何，大多数人都无法摆脱这种预期。而预期就会产生不同程度的兴奋，预期的满足感越强，兴奋就越大。

需要指出的是，无论是攻击前兴奋还是攻击前紧张，都是单纯的攻击情绪。须知，很多时候当事人发起攻击行为时的情绪，并不是单纯的。比如，在公司例会上，一个与你相熟的同事，准备对你发难，以稳固自己在公司的地位。此时，你可能会在他的微反应上捕捉到羞愧的情绪。而羞愧反应在很大程度上会抵消攻击反应，因此，你这位同事的反应应该是矛盾的、隐秘的、犹豫不决的。

他的眉毛会起皱，会羞于看你，身体尽量不朝向你，需要指向你的时候，也可能不会过于直接地用手指指向你。

但他也会呈现攻击反应：或许不会用手指指向你，但他会用手部的推送动作指向你；他会避免直接看你，但他在不看你的时候，对你的攻击一定是坚决彻底的。

当然，这里有一个“当量”问题：这位同事跟你关系越好，他呈现的羞愧感就越强；反之，如果你看不见他对你发起攻击时有羞愧感，那很可能说明了他平时也只是在耍你。

在现代社会，语言甚至成为攻击的主要手段，如法庭。而在其他场合，即使语言不是进攻手段，也会有很多进攻性语言反应。咄咄逼人就是这类反应的核心。一个进攻者的语言姿态一定是咄咄逼人的，即使他在有意识地控制自己的情绪，你一定还能听出来里面的差别，如代词的转换。记得小时候，父亲习惯称呼我为“儿子”，可一旦我犯错，他就会叫我全名。

疲劳反应是生理机能对抗能量流失的结果

能量流失产生疲劳，从轻度疲劳到重度疲劳，可以说一切的疲劳反应都是人的生理机能对抗能量流失的结果。口误、打瞌睡、困倦、疲劳性休克，你会发现这类反应与人体能量之间有着极为紧密的联系。把握住这种联系，你也就能够看清一切疲劳反应的脉络。

人体是最精密的机器，纵观整个大自然，在复杂程度上唯一能够与人体相媲美的，就只有大自然本身了。但是，既然是机器，就必然需要能量，而能源在没有补充的情况下总会枯竭。当人类的精神能量枯竭不济的时候，产生的一系列反应，我们将其称为疲劳反应。疲劳导致的昏迷则是疲劳反应的最饱满表现。当然，会陷入这种境地的情景不多。所以，我们退而求其次，着重研究一种常规的、次饱满的疲劳反应——睡眠。

我们平时思考时所占用的脑，只是脑组织中的一小部分，我们称为脑表层。这一部分虽小，但在人们清醒时，须时刻处于运转状态，是人体的直接司令员，很容易疲惫。而更深层次的脑，是人类未曾探究的、掌管人的潜意识的深层脑，会在我们睡眠时住在身体里。

所以，睡眠其实就是令表层脑进入休息的一种方式。睡眠越深，表层脑休息越彻底，人的精神越充沛。在睡眠中，由于表层脑不再起作用，所以人们的面部和身体呈现自然松弛，表层意识进入休息状态，潜意识代替了思考，所以就有了梦境，平日里不敢说的东西甚至不敢想的东西，梦境里都有。

人们在睡眠时需要安静的场所，这是因为表层脑的运作是依靠信息反馈来唤醒的。而强烈的光、刺激性的气味、嘈杂的声音，这些都是强刺激信息，它们会强迫表层脑进入工作状态，无法休息。人们根据这个原理，发明了疲劳审问：通过强光照射使嫌疑人无法睡眠，审讯者24小时不停地审讯，导致嫌疑人疲劳至极却无法入睡，这是对表层脑最大的伤害，其痛苦程度几乎超过了其他肉体刑罚。

疲劳会使人产生一系列的反应，而这一系列反应的基本动因是：能量流失。疲劳反应的表情部分，也遵循了能量流失原则。要知道，我们的一切表情，都是由能量支撑或为能量的进一步运动做指示的。在惊讶反应中，人们会吸一口气作为能量存储；在愤怒反应中，人们会加速喘息速度，完成更快的新陈代谢；在大笑和哭泣中，人们会将能量不加控制地进行无序宣泄……

而疲劳反应的基础是为了恢复能量。所以，当疲劳使人能量流失的时候，人们会失去做出表情的能力，最大限度地接近原态反应。人们会变得面无表情，但并非是木然，而是悠然的面无表情。人们在进入深度睡眠时，就是这样一副悠然自得的表情，这也是纯粹饱满的疲劳反应。

而在生活中，纯粹饱满的疲劳反应并不是那么常见的，大多数的疲劳反应都会夹带着其他情绪。譬如说，疲劳而得不到休息的人，会产生痛苦感，并对阻止其休息的信息源呈现厌恶甚至憎恨。

在正常状态下，人们感受不到那些施加在自己身上的重力，但能量流失后，重力感鲜明地回到了人的身体上。“失去抵抗重力的姿态”是疲劳反应肢体部分的代码，陷入疲劳的人，会垂着肩膀，四肢无力，行动缓慢……

疲劳同样影响着人们的语言能力，随着疲劳程度的加强，人们的语言能力将会越来越被剥夺，直至消失殆尽。

“央视”著名足球解说员韩乔生先生，就是以“过失”出名的，来看看他说过的那些令人啼笑皆非的解说语言。

“随着守门员一声哨响，比赛结束了。”

“各位观众，中秋节刚过，我给大家拜个晚年。”

“队员在平时的训练中一定要加强体能和对抗性训练，这样才能适应比赛中的激烈程度，否则的话，就会像不倒翁一样一撞就倒。”

“国外的球员都非常敬业，比如马特乌斯，小孩出生3个月后就上场比赛了。”

“范志毅前几天还在发高烧，高烧36度8；守门员区楚良身高1米82，体重28公斤。”

“在上周刚举行了一场别开生面的婚礼。”

“可能有的观众刚刚打开电梯，我们再把比分……”

“巴乔在前有追兵、后有堵截的情况下带球冲入禁区。”

“这球算进，进球无效。”

“已经有很多俱乐部表示要购买皮耶罗，拉齐奥出价3000万美元，曼联出价更高——2800万美元。”

“每一寸草皮都在进行激烈的争夺。”

“只见防守队员一个队员两条腿，两个队员四条腿，三个队员八条腿。”

“XX球员30公里外一脚远射！”

“以迅雷不及掩耳盗铃之势……”

“球被守门员的后腿挡了一下。”

“巴西队的后防线是清一色的巴西队员。”

“守门员安琪参加了今年在墨西哥举办的世乒赛。”

韩乔生先生的“过失”解说已经成了一种风格、一种标签，而这种标签产生出来的幽默效果更是让人们对此乐此不疲。其实，足球解说员们的真实生活往往不像他们所展示的那样幽默和风度翩翩。要知道，世界足球的核心在欧洲，而时差导致欧洲人在吃完晚饭惬意地看球的时候，我们这里正是半夜两点。所以，解说员们必须在平时过着中国的时间，在赛时过着欧洲人的时间。高强度的工作下，一两个口误，是避免不了的。

在高危职业或涉及高危职业领域内，疲劳操作是被严格禁止的，如长途司机、手术大夫、施工塔吊驾驶者等。当从事这些职业的人一旦因疲劳产生过失，那么就会对自己或其他人的安全产生威胁。这也从另一个侧面证实了疲劳与过失之间的紧密关系。

即便我们从事的是普通职业，疲劳作业也是不可取的，因为这会令你的工作质量下降。大学时代，每次不能按时完成论文的时候都有这个感受。因为要在截稿期限的前一天写完5000字，水平之差、漏洞之多让我这个原作者都不忍卒读。

而且，对现代人的身心健康来说，养足精神的意义要大于吃饱饭。所以，无论从哪个方面来讲，我们都应该避免疲劳。当你的身体出现疲劳反应时，就必须要意识到，休息的时间到了。

不同地位的人，在神态表情上也不同

地位反应虽然在一定程度上依从人们的客观地位，但更多的、更具有决定性的地位反应依据，还是人们对自己的主观地位认知。这二者是具有一定差异的，一个没有弱者或强者自觉的人，你很难在他身上看到地位反应。而通常，这种强者或弱者的自觉越重，这种反应也就越留着痕迹，越容易观察。

孟德斯鸠在《论法的精神》中曾阐述过这个问题：在封建社会，社会的主要动力是荣宠。也就是说，在那时候，荣宠和身份权利，决定了一个人的社会地位高低，一个开国世袭的落魄男爵要比一个腰缠万贯的商人有地位得多。而在当代社会，社会地位变得多元化起来，可仍然逃不出三个可以互相转化的定义：金钱、权力、名望。

人们根据金钱、权力、名望，把人分成了三六九等。但多元化并不是与封建社会最大的不同，最大的不同是在如今，人们通过自我奋斗等手段改变社会地位变得更容易了，起码比封建社会容易得多。

而不同或相同社会地位的人在有所接触时，会产生哪些微反应呢？这就是本节要讨论的问题。为了方便讨论，在本节中将把地位较高的人称为上位者，地位较低的人称为下位者（本人很不喜欢这种充满了阶级异化和等级思维的称呼，但为了行文通畅，也是因为实在找不到更合适而又简单的词，所以暂且这么用，望读者朋友们海涵）。因地位异同而产生的不同反应，也可以分为三部分，即表情神态的地位反应、动作举止的地位反应以及语言的地位反应。

需要指明的是，本节中所提到的上位者和下位者都是相对的，即我们在说“上位者”的时候，就自然地假定当事人是在面对一个比自己地位低的人；绝不是说，上位者在任何时候都是上位者。

基于此，我们还可以推导出，上位者微反应的形成，肇始于当事人在客观上是个上位者，习惯性地发号施令；而下位者的形成，则是因为一个人有下位者的自觉，若当事人不认为自己是下位者，那么他将不会做出下位者应有的反应。

不同地位的人，在神态表情上有所不同。

下位者在面对上位者时：表情恭顺、严谨甚至严肃，眉毛低垂，眼睑张开度适中，嘴巴抿起来——低眉顺眼就是用来形容这种表情的。上位者越威严，下位者性格越不伸张，这种情况恭顺感较大。

但是，没有架子的老板和才华出众的员工，同样会出现这种反应。平时，你看着员工可能和老板之间有很多平级之间才有的玩笑，但某个雷池，作为员工的他是绝对不敢越过去的，不信你看看他和亲密朋友在一起时的样子，你就知道了。

对于上位者的表情，大多数人，尤其是仇富者，可能会认为他们的神情总是嚣张跋扈的，嚣张跋扈是自负导致的：上位者对自己没有清醒的认识，认为自己比实际上更加上位。而自负的另一面是自卑，自卑也就是心理自我失衡，这种人需要一种状态帮他把心理“扶正”，于是，就有了嚣张跋扈。马克思所说的奴隶变成奴隶主后会比其他奴隶主更加凶残，就是这个道理。

所以，一个真正、纯粹、健康的上位者，并不单单只是个习惯于发号施令的人，而是一个地位较高的决策人，其表情应该是稳重而淡然的。

动作举止是肢体反应的重点。正如下位者这个词的本义，由于他们是“自我认知”的下位者，所以在身体的方方面面都有“下”的自觉，他们几乎会在所有有上位者的场合，不自觉地放低身体。

比如握手，下位者会在握手时习惯性地鞠躬、低头，甚至双手握住上位者的手。

中国北方的酒桌文化还衍生出了一个很有意思的习俗，那就是当两人碰杯时，下位者会把杯子放低——低于上位者的杯子，上位者见状，如果客气的话，也会把杯子放低一些，但却比下位者稍高。

除了肢体动作的低以外，下位者还有习惯性的冻结反应，尤其是心理素质不好的下位者在遇到了比较严肃的场合时。在办公室里，一群正在聊天的员工，一旦见到一个很有威严的上位者，大家会马上闭口不言。

而在电梯里，你去看不同人的站姿，也能从中看出他们的地位反应：下位者习惯于冻结式的站法，趋近于立正；而上位者往往双腿叉开，站得很悠闲自得、旁若无人。

不同于下位者的自我认知，上位者的前提是客观上的上位者，一个主观上、自认为上位者的大多数动作只是模仿其他上位者，以建立某种心态守恒：我是总经理，我应该时刻绷着脸，昂首挺胸。

一个真正的上位者其实不太在乎这些，他们会自然而然地做到这一切。核心在于：动静如常。日本的电影《大佬》由北野武主演的，他经常在电影里低着肩膀、弯着腰，走起路来也是乡下人才有的八字步，但丝毫不影响他作为一个上位者的形象。所谓“自在”，就是指这个。

言语上的地位反应，下位者往往表现得比较明显。由于下位者的自我冻结心态，使得他们在说话时会显得越发恭谨谦卑，对上位者也多用尊称。

除此之外，下位者在对上位者讲话时，会习惯性地使用正式语言，尽量避免口语化。而上位者的语气相对比较无所顾忌，并且祈使语气居多。而一个喜欢用语言炫耀优越感的上位者，并不是一个正常的上位者，只能说是一个自我认知的上位者、一个自负且自卑的上位者。

综上所述，上位者心态也是有一定缺陷的，那就是无视感过强。虽然不会鄙视下位者，但上位者却会不自觉地把下位者无视掉，使之成为自己计划运行的一个工具或部件。上位者们有时会分不清场合地显得过于傲气，就是这个原因，平时在下位者面前习惯了无视他人，所以到了其他场合也习惯这样了。

我记得某相亲节目里面，有一期来了一位男嘉宾，是日本的华侨商业骄子，手下掌管着不止一家公司。而在现场，他虽然表现得很有礼貌，却多少有些上位者姿态。比如，其他人都称呼主持人为“某某老师”，而他则直呼主持人全名（在这一点上我个人觉得他一点都没做错）。于是，一名女嘉宾很愤怒地对这位男嘉宾怒斥：“你傲气什么？你不就是有几个臭钱吗？”

这位男嘉宾闻言一头雾水，满脸冤枉，似乎是在莫名其妙地反问：我怎么了？

如前文所言，上位者与下位者这两个概念是相对的，不是绝对的。在适当的时候，他们都会对调，或变成另一种人——平等者。

平等者也是个相对概念，即当事人认为对方身份与自己相当。

两人如果处于敌对关系，就是旗鼓相当的对手；如果处于友善关系，就是互惠互利的伙伴。

平等者不会有下位者的谦卑和拘束，也不会有上位者的无视和散漫。平等者会很认真地聆听对方的话，注意对方的存在，并且会阻止对方做出下位者姿态。

当然这种平等者只是自我判断，也就是说，甲乙交往，甲自认为与乙平等，但这未必是乙的认知，乙可能会认为自己是上位者或下位者。

比较典型的案例是《三国演义》里的“煮酒论英雄”：曹操认为自己与刘备身份地位相等，所谓“天下英雄只有你我”，但刘备明显要表现得“怂”一些，他怕招来杀身之祸，于是，借口被一声惊雷吓得把筷子掉在了地上。

同步反应是最为神秘的微反应

同步反应堪称是最为神秘的微反应，我们对同步反应的一切解释，都是基于假说。但是，几乎所有人都相信，人们存在个性的同时，同样存在某种共性。而这种共性，会令人产生潜意识的不自觉的一系列反应，这就是同步反应。

把一组音（八度）分成十二个等份，每一个等份为一个半音，音程称为小二度；每两个等份为一个全音，音程称为大二度。采下七个全音和一个半音之后，整个这一组音变成了八个音符。这就是现代音乐的基本乐理——十二平均律。十二平均律起源于欧洲，由巴赫在《协和音律曲集》（又译作《十二平均律曲集》）中提出这个名字。由于其严谨性和包容性以及西方文明的强势崛起，使这种音律变成了整个世界通用的音律法。

可是如果你认为是西方人最早发明的十二平均律，那可就大错特错了，他们只是最早这么叫。至于到底是谁发明的十二平均律，根本就无从考证。在中国春秋时代就有十二平均律的相似记载，明代朱载堉的《律学新说》则把十二平均律系统化整理；非洲音乐重视打击感，但并不是没有旋律，而非洲音乐的旋律部分虽然受限于文明程度，没有变成系统律学书籍，但仍然暗合十二平均律的规律。20世纪初，人类学家踏上南太平洋小岛时，听到了一些当地土著的音乐，虽然简单却也韵味十足，受过基本乐理训练的人都能马上发现，他们的曲子也是符合十二平均律的；还有美洲土著……

不同地域的人，由于气候、人种、文化、生活习惯的巨大差异，其隔阂近乎无法弥合。但却有一样东西能令大家都听懂，那就是音乐。就算是新西兰食人生番也会觉得悲怆交响曲棒极了。

但仅仅是音乐如此吗？这是否反映了人类所具有的某些其他特质？

很多人类学家认为，答案是肯定的。人类的行为会自发地形成一种趋同性，人类的这种潜意识的趋同性行为，我们称为同步反应。

如果你嫌十二平均律太复杂的话，我们再来说一个简单的现象。

回忆一下你的学生时代，在教室里的时候，如果有一个人咳嗽，那么是否马上会有几个人跟着他一起咳嗽？如果有一个人打哈欠，是否马上会有几个人跟着他一起打哈欠？

我知道你已经明白我要说什么了。我再顺便告诉大家一个你们可能不曾注意到的规律：带头咳嗽或打哈欠的人越受欢迎，他们能够带动起来的人就越多。

群体趋同方向是那些容易受欢迎的人，这基本可以证明了趋同反应是一种证明的、由潜意识认同而生成的反应。敌人之间很难产生同步反应。

很多人或许认为这种同步反应只是单纯的模仿，这是大错特错的。据医学统计显示，许多完成了心脏移植的病人，在痊愈后，明明没有见过心脏的原主人，但行为方式却慢慢变得跟心脏的原主人越来越像。

再说一个真实的故事。

大学期间，兄弟班的一个女生寝室，姐妹们之间关系非常要好，偶尔也会有不协调，但会在大姐的劝导以及所有人的协作下通力解决。在毕业时的散伙饭上，她们几个抱头痛哭。

我隔壁宿舍的一位兄弟见状悄悄告诉我："你知道吗？她们几个从大二开始，只要是开学期间，月经都是同步的。"

同步反应对人的趋同性影响有三类：情绪影响、举止影响、语言影响。

表情同步反应

表情的同步反应很有意思，你注意过贝克汉姆和维多利亚夫妻俩吗？他们在婚后的表情越来越相像。中国古代也有夫妻相的说法，意思是两个相爱的人往往看起来很像，这其实就是面部表情的同步反应。

相爱的人会模仿对方，无论一颦一笑，都会潜意识地争取和对方一模一样。而脸上的纹路成因，很大一部分就是表情的变化：经常笑的人鱼尾纹和括弧纹会很重；经常忧郁的人鼻翼两侧沟壑会很深；经常哭泣的人则会见到明显的法令纹。

因此，相爱的两个人会有类似的纹路，就算脸型和五官差距较大，但是，看起来也会有相似之处。

当然，表情的同步反应绝不仅仅是爱人之间，朋友之间也是如此。仔细想想，在某个场合，有人给你讲了个笑话，但你并没有找到笑点，可是，你却因为朋友们的捧腹而捧腹。

还有些时候，你路过一个陌生人的葬礼，你与死者非亲非故，但却因为这个悲伤的环境而感到悲伤。

世界杯结束，西班牙夺冠，即便你不是西班牙球迷，但只要你不是意大利的球迷（西班牙和意大利之间积怨颇深），那么都会情不自禁地与西班牙球迷一起狂欢。即便你是意大利球迷，恐怕你也只是硬“绷着”不跟着一起开心。

他人的情绪可以影响到你，情绪的同步反应甚至可以超越敌人的界限。兔死狐悲，说的就是情绪的强大感染性。

行为同步反应

人们在言行举止上的同步反应，更像是下意识地模仿。你见过给孩子喂奶的妈妈吗？她们的神态足以说明这个问题：她们会在孩子张嘴的时候，条件反射似的也把自己的嘴慢慢打开。

再看看在国际会议上，国家领导人之间的行为举止所反映出来的同步性。

以色列首脑在和克林顿或小布什会晤时，其动作永远是一致的，但他们和阿拉法特在一起时则对冲明显。

克林顿在公开场合看似风度翩翩，但只要你看他和希拉里在一起时的样子，就不难发现他对希拉里的模仿，所以当时，在这个美国第一家庭到底是谁拿主意也就不言而喻了。

布莱尔在执政生涯后期，习惯性地把手挂在皮带上，做出一副美国西部牛仔的样子，你可能会惊讶地发现小布什总统也是这么做的。而自那时起，英国的国际政策也越发地对美国亦步亦趋。

除了小动作之外，行为习惯甚至也会产生同步反应。

我爷爷在喝酒的时候，习惯用拇指和中指掐着酒杯，这个动作放在当代多少有些女性化，但在以前据说是文人的习惯行为，爷爷虽然性情很“爷们”，但这个习惯性动作却一直保留着。

大学毕业后，爷爷去世，家族的人聚在一起之后，我惊讶地发现叔叔伯伯们举杯的手势竟然和爷爷一模一样。

语言同步反应

我有一位朋友，家乡在宁夏，在东北读大学，在湖南实习，在北京工作，现在被外派到福建常驻。他在福建给我打电话问我能否到宁夏参加他婚礼时，口音带着南方人的软绵，说是完全的台湾腔也不为过。但我清楚地记得，一年前我们在北京见面时，他的京腔比我标准，而且我跟他相识在东北，那时候他说话也是完全的东北味。后来，我去宁夏参加他的婚礼，他又变成了憨憨的西北口音，把“你这个人”读作“你这个仍”，仿佛他根本就不会发前鼻音似的。

我这位朋友的语言天赋很高，所以才能把几类方言学得惟妙惟肖。而其他人或许学得不会这么像，但多少也会受到方言语境的影响，“对什么人说什么话”。很多学习语言类专业的大学生都有过这类感叹：如果有口语语境的话，胜过在课堂上学十年。

介绍完了三类同步反应，我们还有必要指出，有些时候，故意地模仿也有可能转化为同步反应。

据说内地有一个刘德华的狂热歌迷，他非常喜爱刘德华，每天都要看刘德华的演唱会和采访，并在生活的一切细节上尽可能地向刘德华“看齐”。几年下来，学会了粤语不说，他的一举一动也与刘德华很相似。经过化妆师稍微化妆后，竟没有人能分得清他和真的刘德华孰真孰假。

在这则案例中，这位歌迷一开始的模仿行为是故意的，而非同步反应；但最后，他开始潜意识地把自己当成刘德华，否则，很难解释为什么他会与刘德华那么相像。

由胜利或失败造成的微反应

兵法皆称“胜不骄，败不馁”，这么说是因为，人的骨子里就有胜而骄、败而馁的潜质。而这种心态会令人们失衡，失去“客观冷静”的平衡状态，在客观上这种失衡会对战略部署造成不利，却又难以克服。然而这种潜意识的失衡，其实就是需要我们观察胜利者和失败者的微反应。

如果你是个足球迷，那么一定对这个场景很熟悉：一场决赛结束后，胜利的一方高举双臂，以狂欢庆祝夺冠，很多球员甚至翻跟头，或者一个冲刺跑进本方球迷阵营里，与他们拥抱；而失败的一方则垂头丧气，无精打采，有些甚至饮恨啜泣。这种由胜利或失败造成的微反应，我们称为胜败反应。

胜利者和失败者在得知胜败消息之后，有着截然不同的反应，这种反应粗看上去，是愉悦和悲伤，但实际上又有着很大的不同。比如，单纯的愉悦就没有“喜极而泣”这种反应，可当2012年曼城获得英超冠军后，等了几十年的老球迷真的哭泣了。所以，胜败反应是一种典型的复杂反应。

胜利反应

一次胜利反应，必须有两个要件作为支撑：一是愉悦；二是充能。即便是一次小小的胜利也能令人心生愉悦。愉悦是胜利反应的第一要件，胜利不可能没有愉悦，有些时候，胜利产生的愉悦会被其他感情压下去，所以你或许在当事人脸上捕捉不到，但你总能发现他拥有愉悦的痕迹。

比如，很多时候当事人受限于场合或其他因素，必须压抑胜利反应，使自己的表情变得淡然，以符合身份；但一切其他的反常行为却出卖了他的心。

发生在我国南北朝时期的淝水之战，先秦大军80万南征东晋，意欲鲸吞东晋，统一天下。东晋宰相谢安主持抗敌，在战前，他做了许多调度，瞄准了先秦军队的弱点，主动迎敌，并没有坐以待毙。

两军主力对阵前，谢安正在下棋，任何人都看不出这位宰相有什么紧张的。几个时辰后，前线捷报传来，秦80万大军土崩瓦解，东晋奇迹般地大胜。谢安闻言只是淡然地说“下完这盘棋”。

所有人都被谢安的淡定所折服，谢安也确实泰然地下完了这盘棋。棋毕，谢安准备出门，木屐在门槛上绊了一下，一只屐齿被绊掉了，他竟然没有察觉，就这样去了朝堂……

可见，谢安的情绪也是狂喜的，但多年的教育和涵养让他并没有喜形于色，可那个绊掉的屐齿清楚地表明了他的心情。

除了愉悦，胜利反应还能让人能量充沛。足球场上，很多重体力位置，如后腰和边卫，常常一场比赛要跑10万米，而且经常是高速往返跑。那些一流后腰为了保证体能，每天都睡14个小时。而一场比赛90分钟，如果有加时赛则是120分钟，这对于常人来说是难以想象的酷刑，那些职业球员也应该在坚持完比赛之后累得倒地不起。而实际上，胜利的一方无论再怎么累，都会从地上爬起来跑几步、跳几下以示庆祝。胜利仿佛是一剂天然的兴奋剂，令人精力十足。

单纯而饱满的胜利反应，其实就是对兴奋的释放以及胜利所带来的愉悦。充盈的能量会让人身体有向上运动的整体趋势以对抗该死的地心引力，于是，有了振臂、有了高高跳起，甚至有了空翻。除了对抗地心引力外，也会通过速度来庆祝。进球的前锋在庆祝动作时的奔跑速度不亚于他在反越位时的奔跑速度。传奇教练穆里尼奥执教国际米兰时，曾做出双膝跪地并在草坪上滑行的庆祝动作。

总之，胜利就像让人吃了兴奋剂，他们会想到一切可行的极端动作发泄兴奋；而越大的胜利，越会令人产生这种兴奋感，饱满的胜利则会令人出现那些通过跳跃和速度挑战身体极限的冲动。

单纯的胜利，只有愉悦和充能。而除此之外，胜利反应往往会带着一些其他的心理因子存在，对人的反应的影响也会不一样，这样就会产生更为复杂的胜利反应。

胜利中的炫耀就是这样一种常见的、复杂的胜利反应。一般来说，当事人会产生这种反应是因为他取得的胜利能够被大众认可，他在享受胜利的同时，也有着被大众认可的渴望，所以也会有炫耀型的胜利反应。当然这种炫耀可能在含蓄的东方文化中比较不被赞成，但西方人比较能接受炫耀胜利。意大利著名球星托尼在进球后有一个驰名世界的庆祝动作：把手放在耳边晃动——意味，你们欢呼得还不够!

当狂喜和大悲结合在一起时，就有了喜极而泣，喜极而泣是一种典型的悲喜交加，但喜的因子比较多。在古代，一个穷人家供养了一个孩子，希望他将来做个读书人，而这个孩子最